新版

2時間でわかる

図解 KPIマネジメント入門

[illegible]彦

あさ出版

※本書は２０１６年10月に刊行された『2時間でわかる図解ＫＰＩマネジメント入門』を再編集した新版です。

はじめに

　ここ数年、注目を浴びている「**ＫＰＩ**」（Key Performance Indicator）。「業績評価指標」などと訳されますが、この言葉の意味するところを、簡単にまとめると「**目標達成度を測るためのプロセスないし結果の指標**」と言えるでしょう。

　もともとＫＰＩは事業部制とか社内カンパニー制などが流行りだした日本のバブル時期にそのルーツがあります。独立事業部の評価は、その事業部のために投下した資本と、その事業部において各期に回収される獲得利益との費用対効果がその指標になります。

　ですが、今、ＫＰＩが注目されているのは、「**全社員が経営目標を共有して業績回復に努める**」点にあると、筆者は考えています。であれば、ＫＰＩで採用されるべき指標とは、「投下資本対利益率（ＲＯＥ）」のようなものではなく、**利益を生み出すプロセスたる会社のマネジメントと直結するものでなければなりません。**

本書は、会社の目標達成度を測るための指標であるKPIを、部門別、個人別に設定し、マネジメントサイクルを回すことを**「KPIマネジメント」**と位置づけ、**自社、自部門の生産性向上、高利益体質実現のためのテーマ設定から、測定、改善までのポイントを、具体例とともにまとめました。**

また、KPIに関するセミナーで、よく聞かれるのが「間接部門のテーマ設定に苦労している」という声です。そこで第3章では**「部門別KPIテーマ設定例」**として、直接部門はもちろんのこと、**「人事」「法務・総務・財務・経理」「研究開発」「設計」「購買」「品質管理・品質保証」「生産技術」「生産管理」「物流部」といった、さまざまな間接部門のテーマ設定の例**を紹介しています。

これらの内容が、少しでもKPI理解の一助となり、適切なテーマ及び目標値設定・達成を通じて、読者の皆様の会社の継続と繁栄、そして従業員の皆様のモチベーションの維持・向上に資するならば幸いです。

マネジメントコンサルタント　堀内智彦

1 KPIマネジメントの基本

2

KPIマネジメント導入・運用のポイント

3 部門別KPIテーマ設定例

1

KPI マネジメントの基本

01 ＫＰＩとＫＧＩ

ＫＰＩは経営目標、ＫＧＩは財務目標

ＫＰＩとは「Key Performance Indicator」の略で、**「重要業績評価指標」**を意味します。

ＫＰＩに関連して、「**ＫＧＩ**（Key Goal Indicator）」という**「重要目標達成指標」**をあらわす言葉があります。

両者の関係を整理すると、**設定した経営目標に対して、どのような過程を通過すれば達成可能かを洗い出し、その過程をクリアできているか数値で計測する**のがＫＰＩです。

ＫＧＩは、「Ｇｏａｌ」という言葉が入っているように、経営の最終目標が達成されているかを計測するための指標です。

KPI・KGIとは何か

KPIとは　重要業績評価指標

経営目標を達成するためのプロセスであり、
クリアできているか数値で計測できる指標

KGIとは　重要目標達成指標

経営目標が達成されているか数値で計測できる指標

KPIとKGI

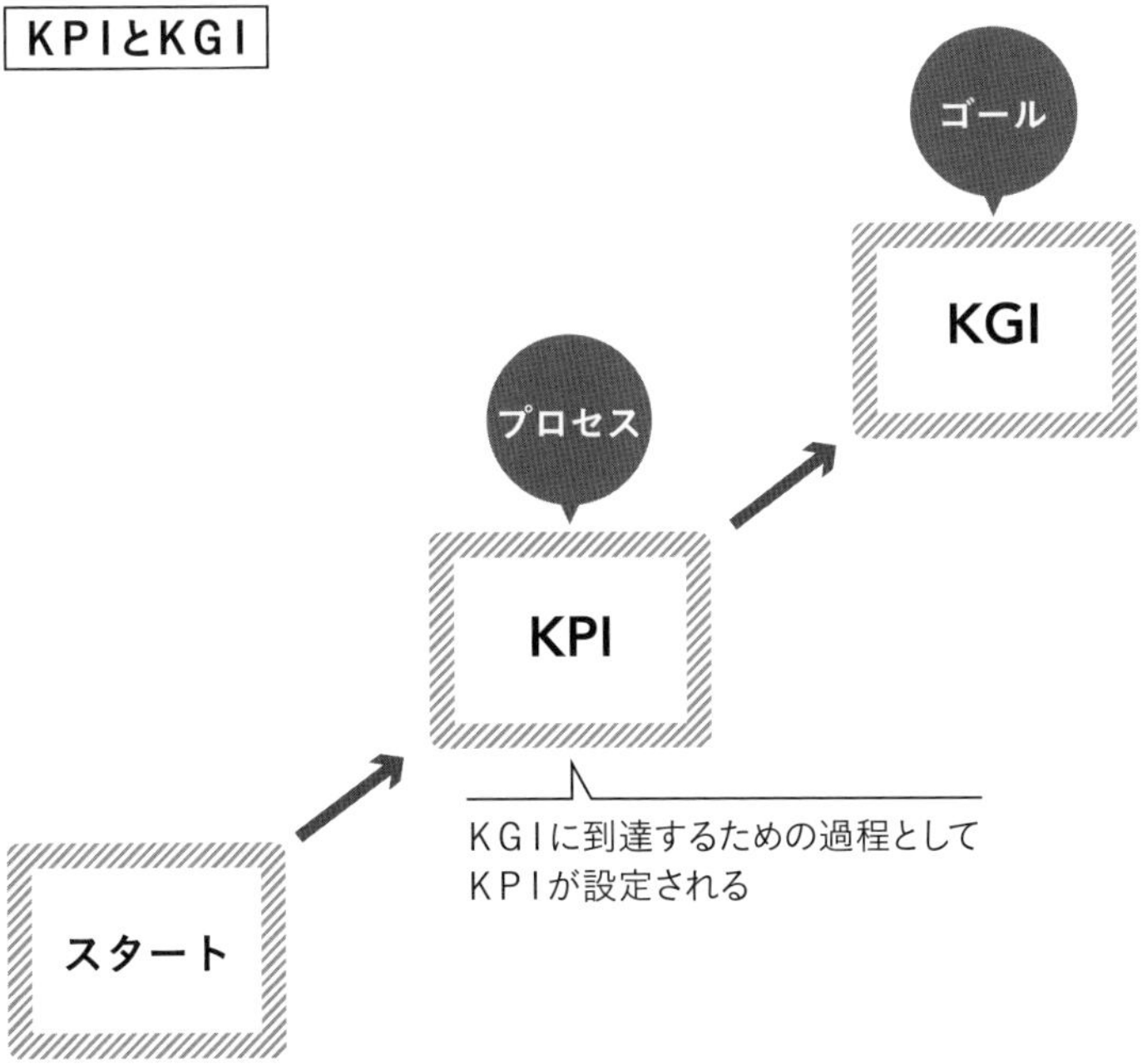

つまり、**「ＫＧＩに到達するための過程としてＫＰＩが設定される」**のです。

ＫＧＩは、経営の最終目標として位置づけられているため、投下資本対利益率である「**ＲＯＥ**（Return on Equity）」を見ることで、把握することができます。ＲＯＥは**「獲得利益／投下資本」**で求められます。

一方で、ＫＰＩは、「はじめに」でも述べたように、もともとは大企業の独立資本単位（事業部）における業績評価手法として定義されていたものでした。そのため、ＫＧＩ同様に、その事業部のために投下した資本と、その事業部において各期に回収される獲得利益との費用対効果を測るＲＯＥが、ＫＰＩの指標として有効でした。

ですが、ＫＰＩを、「経営改善プロセス」において経営者が必要とするマネジメントの指標ととらえると、**ＲＯＥを指標とするのは無理があります。**ＲＯＥは、投資家（株主）から見た事業の評価、すなわち「結果」という意味合いが強いからです。

すなわち、**ＫＧＩは「ＲＯＥ＝株主・投資家から見た結果目標」、ＫＰＩは「経営者・経営管理者から見た結果及びプロセス目標」**と位置づけることができます。

KPI・KGIとROEの関係

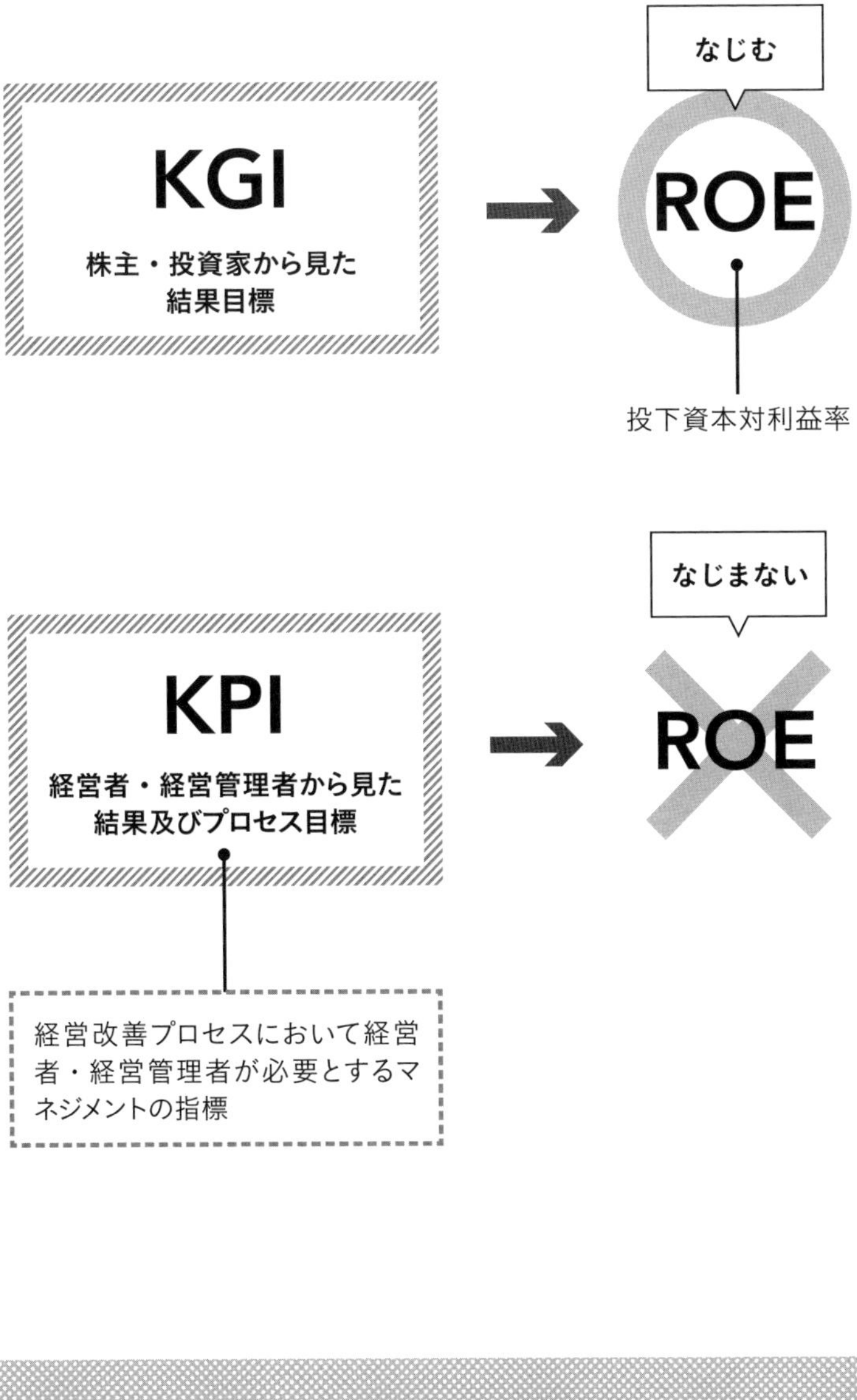

02

ＫＰＩと目標管理

ＫＰＩと目標管理は同じもの

●ＫＧＩ＝株主・投資家から見た財務目標
●ＫＰＩ＝経営者・管理者から見た経営目標

このように整理すると、ＫＰＩは、現在多くの企業に普及している「**目標管理**」と本質的には、同じであることがわかります。

「目標管理（Management By Objectives through Self-control：自己統制を通じた目標による管理）」とは、Ｐ・Ｆ・ドラッカーが提唱したマネジメントツールです。

目標管理が成功するには、職務設計が明確に構築されている欧米型経営において、自己統制による目標設定とその達成プロセスに重点がおかれていることがポイントです。

ですが、日本型経営は、トップダウン型とは言っても、家族的経営を基本とした企業別労働組合制度、終身雇用制、年功序列型賃金体系（定昇とベースアップ）といった強固なチームワークとリーダーシップに支えられたものであり、欧米型経営とは大きく異なります。

そのため、業績達成プロセスにおいて、この点を考慮していない目標管理はまず成功しないと言ってよいでしょう。

さらに、目標管理がうまくいかないのは、日本企業の職務設計が極めて曖昧であることに加え、この目標管理が業績向上というより人事考課の査定に使われている実情があります。

評価が主体となると、個人が達成しやすいテーマを設定し、容易に目標達成はするけれど「業績向上に結びつかない」という極めて残念な結果が生まれます。

また、達成が容易な目標ばかりということは、相対評価においても横並びで、偏差値のような正規分布にはならないことになります。したがって、人事評価においても余計な混乱を招き、人事システム上悩ましい存在になることでしょう。

ボトムアップ型の目標設定は、部門目標の達成につながらず、経営目標達成に向けたマネジメントが機能不全に陥ります。

目標管理を成功させるには、**目標設定は、経営目標→部門目標→個人目標へとトップダウンで行わなければなりません。**当然、**業績の達成と整合性があり、予算管理に裏打ちされている**必要があるわけです。

目標管理にしても、KPIにしても、企業の生産性を上げ、利益を生み出すマネジメントツールにするには、ただ目標を設定すればいいのではなく、**業績向上に結びつくトップダウン型であること、結果目標とプロセス目標が含まれていること、定量的であるべきこと**など、押さえておくべきポイントがあるのです。

KPIと目標管理の共通点

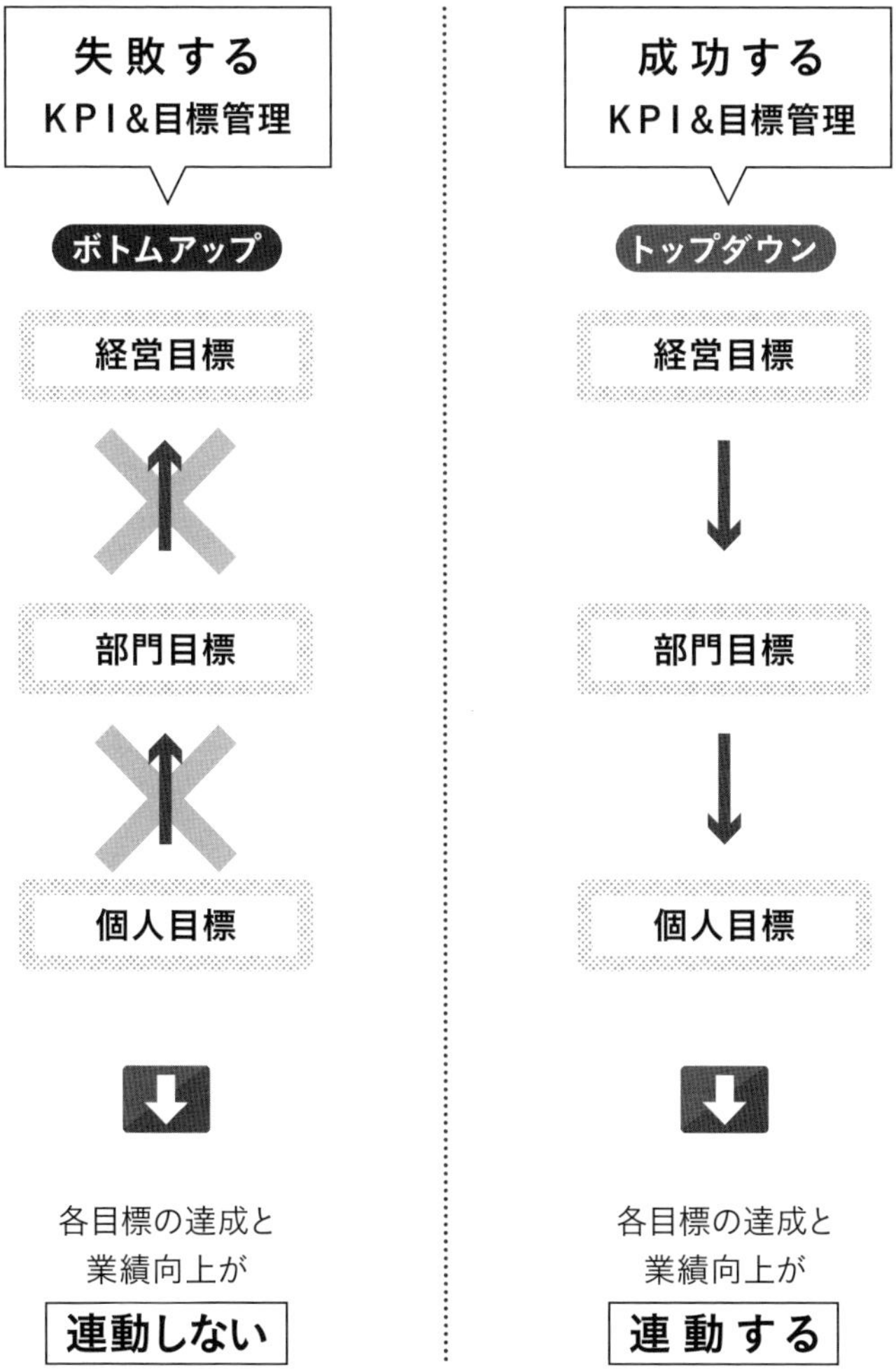

03

KPIマネジメントとは

B／SをマネジメントしてP／Lを創る

本章の冒頭で、ROE（投下資本対利益率＝獲得利益／投下資本）は、プロセスを計測するマネジメントツールであるKPIには適さないと述べました。

ROEの分子である会社の利益は、「**P／L（損益計算書）**」に計上されます。

ROEの分母である投下資本は、「**B／S（貸借対照表）**」に載っています。

しかしながら、マネジメントの「結果」の集計である財務諸表をいくら眺めて分析しても、利益が増えるわけではありません。

ここでB／SとP／Lの関係を整理しておきましょう。

1年間で集計されたP／Lによって算定された「税引後利益」は、未処分利益として計上され、「利益処分案」としてその後、株主総会の決議を経て、配当や役員賞与などが行われます。そしてこれら社外流出以外の残額は「剰余金」として、B／Sの「純資産の部」に蓄積され、黒字計上を重ねながら純資産の部が増大して、財務体質が強化されていきます。

「当期首B／S」→「当期P／L」→「期末B／S」

つまり、「1会計期間で獲得した利益（P／L）が期末B／Sのインプットになる」わけです。そして、肝心要の「当期P／Lの利益」を生み出すプロセスこそが「マネジメント」なのです。「マネジメント」とはとても簡単に言うと、**「企業利益を生み出すために、与えられた『経営資源（ヒト・モノ・カネ）』をうまくやりくりする方法論」**に他なりません。

【当期首B／S（資本）】→【「当期P／L」プロセス→マネジメント→利益】→【期末B／S（資本）】の循環をきちんと押さえることが、KPIを理解するうえで、極めて重要なポイントです。

ＫＰＩの本質とは、**期末Ｂ／Ｓ（資本）を「マネジメントプロセス」にインプットすることにより、経営資本を間接的に人的資源に投資し、ヒトのパフォーマンスを上げて利益を生むＰ／Ｌを創り出す、この好循環を構築すること**なのです。

注目すべきは人件費投資効率

会社を株主のものとして評価指標を考えると自己資本利益率「ＲＯＥ」が主体となります。しかし、現実的にはマネジメントプロセスにおいて、実際に働いているヒトにパフォーマンスを上げてもらわないと、会社は利益を出すことができません。

ヒトに着目し、スループット（付加価値）の最大化を目的としたマネジメントを行うためには、「**人件費投資効率**」に着目する必要があるのです。人件費は「Labor Cost」ですが、筆者はコストではなく投資ととらえてます。

この人件費投資効率は、ＲＯＥに対して、「**ＲＯＨ**」と位置づけられます。

ＲＯＨ（Return On H（Investment for Human））は、経営者（マネジメント）から見て、人件費を投資と位置づけたときの利益（リターン）であり、**健全経営の指標は「ＲＯＨ」が２００％以上**です。

B／S→マネジメント→P／Lのサイクルとは

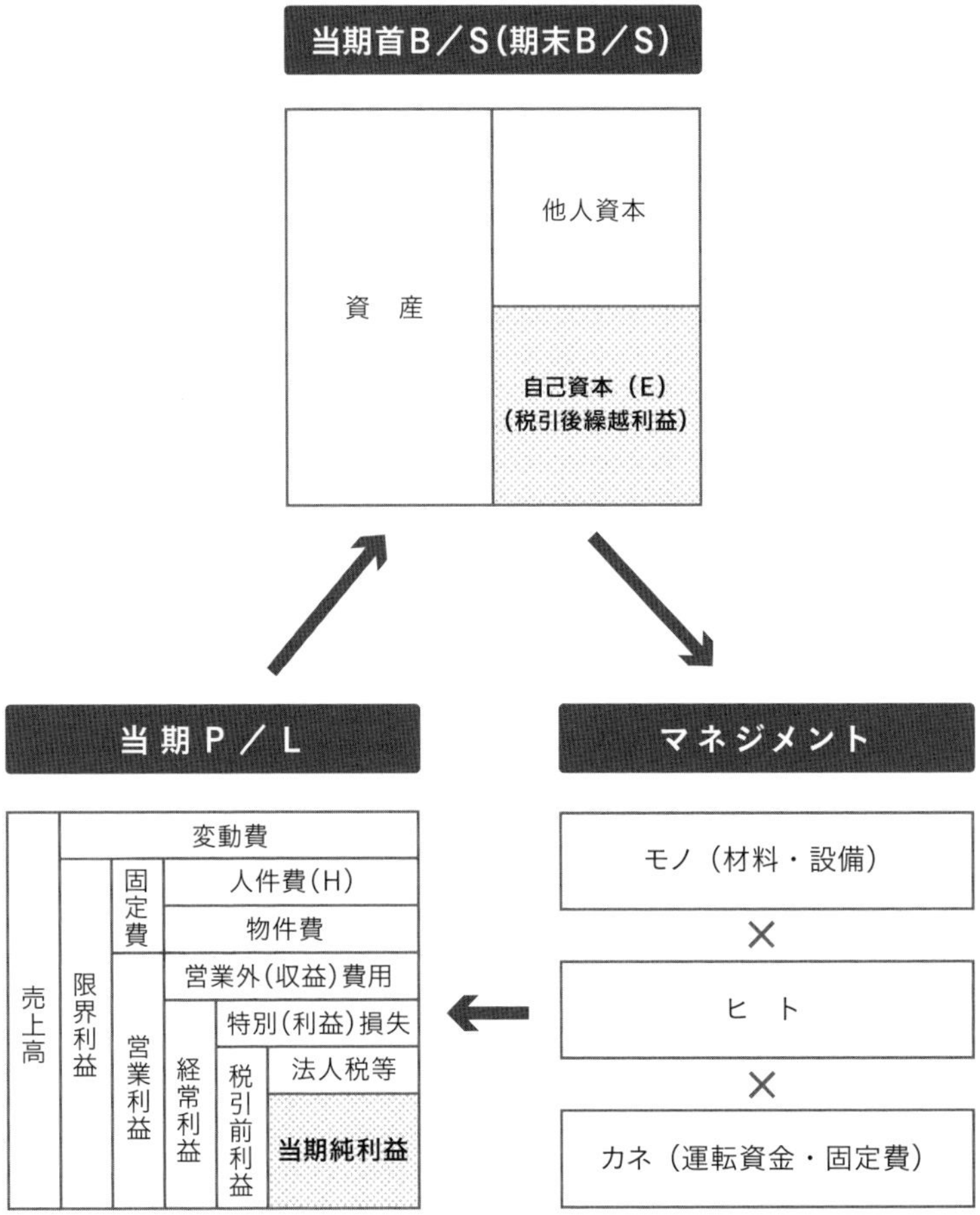

企業利益の源泉は売上ではありません。売上は確かに必要条件ですが、利益の源泉は「限界利益（付加価値）」です。すべての企業では「限界利益を最大化すること」が求められています。

企業利益を生み出す必要条件はマーケティングとイノベーションと言われます。確かにこれらは重要な手段ですが、一番大切なものは企業に属するモチベーションの高い「ヒト」集団のチームワークとリーダーシップです。

そして、ヒトに対するモチベーションを維持・向上させるものは何といっても、その評価と報酬です。報酬は決算書にあらわすと、固定費たる「人件費（H）」です。

「ROH」＝「人件費投資効率」＝「限界利益／人件費」＞200％

が企業継続の必須条件です。

ここまでをまとめると、**「マネジメントとは、投下した人件費の少なくとも2倍の『限界利益（付加価値）』を稼ぎ続けることによって、社員のモチベーションを維持し、それを達成する手段として、経営管理者が与えられた『経営資源（ヒト・モノ・カネ）』をうまくやりくりする方法論」**であると言えます。

ヒトによって限界利益を最大化する

ROH ＝ 人件費投資効率

$$\frac{\text{限界利益}}{\text{人件費}} > 200\%$$

KPIマネジメントとは

社員のモチベーションを維持し、経営資源（ヒト・モノ・カネ）をやりくりすることによって、毎期ROH200％超を実現するための具体的方法論

会計的・定量的に考えても、**毎期継続して「限界利益／人件費」＞200％を達成することがマネジメントの目的であり、その具体的方法論として「KPIマネジメント」が必要とされている**のです。

なお、ROHは200％超が企業継続の必須条件ですが、これが会社平均で恒常的に400％に達していると、賃金水準が低すぎて、そのことが社員のモチベーションを低下させている可能性があります。

04

KPIマネジメントのキーワード①

限界利益

すべての業種の収益構造がわかる絶対的指標

ＫＰＩマネジメントを導入・運用するうえで重要なキーワードをいくつか押さえておきましょう。まずは、前項で登場した**「限界利益」**からです。

事例で考えてみましょう。

同じ商店街のお隣同士で営業している、美容院（A社）と寿司店（B社）。両社とも年商が1億円。A社は、社長以下6名が、B社は大将以下3名が働いています。

年商が同じで、業種が違う会社の収益構造を探るとき、役に立つのが限界利益です。それでは一体、このA社とB社、どちらが儲かっているのか、見ていくことにしましょう。

まず、年商＝売上高です。売上高は、お客様からいただく収益・収入であり、このケースでは、両社とも1年間に1億円の売上高を獲得するので、差はつきません。

次に、この売上を稼ぐために直接かかった原価を考えるのがポイントです。お客様が美容院で施術を受ける「サービス業」と、お鮨を食べたりお酒を飲んだりするという「飲食業」の違いでもあります。

一番の相違点は、**「仕入＝売上原価」**の多寡です。

美容院においては、販売目的のシャンプー・リンス、化粧品などを仕入れる必要はありますが、カットやパーマなどは、そもそも仕入がありません。一般的な美容院では、これらの施術売上が大多数を占めると考えると、直接かかる原価は、シャンプーやリンス、パーマに使う薬剤や、タオルなどのリネン類や消耗品が主体となります。これらのように、「お客様が来店したとき＝稼動したとき＝売上計上したときに」直接発生して、その**売上にある程度比例する「ひも付きの費用」のことを「変動費」**と言います。

それでは、寿司店ではどうでしょうか？

売上に「直接ひも付く費用」が、おつまみやお鮨のネタとして欠かせない食材（鮮魚など）になります。これらの購入原価を〝仕入〟と呼びます。仕入はもちろん売上に連動するので売上原価たる「変動費」です。

この**「売上」**から**「変動費」**を**マイナスしたものが、「限界利益**（**付加価値**）」です。

A社とB社では、業種の違いから、売上に対する変動費の割合が異なります。この割合を変動費率（変動費額÷売上高）と呼び、仮にA社の変動費率を10％、B社が40％とします。

ここで、限界利益率（100％－変動費率）を計算すると、A社90％、B社60％となり、限界利益は、A社が9000万円、B社が6000万円となります。

会計上、売上は利益ではありません。売上に次いで、最初でかつ最大の利益のことをこのように「限界利益」と呼ぶのです。

製造業では「付加価値」と考えてよいでしょう。

小売・サービス業においては**「限界利益＝付加価値＝粗利益＝売上総利益」**であり、この限界利益がその後負担するものは、固定費と営業利益ということになります。

「限界利益＝固定費＋営業利益」です。さらに、固定費の内訳を見ると**「固定費＝人件費＋物件費」**です。

Ａ社、Ｂ社の年間１人あたりの限界利益額を比較すると、「Ａ社９０００万円÷６人＝１５００万円」「Ｂ社：６０００万円÷３人＝２０００万円」なので、Ｂ社の方が儲かっている、あるいは給料が高いと推定することができるわけです。

このように、限界利益額はすべての業種・規模において比較可能な絶対的指標です。

業種別の限界利益率を把握する方法

この限界利益率ですが、業種によって、おおよその傾向があります。

このことは、**消費税の簡易課税制度における「みなし仕入率」において明示されています。**

みなしとは、個別に経費を積み上げる原則方式に対して、計算を簡便にするために、売上にこの「みなし仕入率」を掛けて課税仕入額を算定するものです。

みなし仕入率は、例えば、卸売業なら90％（付加価値率10％）、小売業なら80％（付加価値率20％）、製造業なら70％（付加価値率30％）という具合です。

このようにして、業種と売上、そして従業員数がわかれば、その会社の大体の収益力が推定できるのです。

限界利益とは

単位：千円

区分	A社（美容院）	判定	B社（寿司店）
売上高	100,000	＝	100,000
変動費額 （変動費率）	10,000 （10%）	＜	40,000 （40%）
限界利益額 （限界利益率）	90,000 （90%）	＞	60,000 （60%）
従業員数	5名	＞	3名
1人あたり限界利益 （労働生産性）	18,000	＜	20,000
人件費	?	?	?
物件費	?	?	?
営業利益	?	?	?

限界利益＝売上高−変動費額

⬇

最初でかつ最大の利益であり、すべての業種・規模で比較可能な絶対的指標

05

KPIマネジメントのキーワード②

機会損失

会社には年商の10%のムダがある

あらためて、言うまでもなく、**マネジメントの最大の敵、それはムダ**です。

マネジメントでは、ヒトをはじめとする経営資源を投入し、スループット（付加価値）の最大化を目的とするわけですから、当然と言えるでしょう。

一方で、ムダというものは、見つけづらい、把握しづらいものでもあります。

これを、定量化、すなわち見える化することが、KPIマネジメントを行ううえでは、非常に重要になります。

それでは、会社には一体どれくらいのムダが潜んでいるものなのでしょうか。

モトローラやソニーなどで導入して成功したとされる「シックスシグマ」というマネジメントツールでは、**企業のすべてのプロセスにおいて発生するミスを積算すると年商の10%以上に達する**と結論づけられています。

一方で、このデータを経営者に提示すると、ほとんどの方が「ムダはあるとは思うが、そんなにたくさんはない」と即答されます。果たしてそうでしょうか？

この年商の10%以上という数字ですが、**企業のムダには「実際損失と機会損失」という2種類がある**ことがポイントです。実際損失とは、「製作ミスをしてクレームとなり、材料費損失とクレーム処理費用が発生した」というケースで、このような場合、会社からお金が出て行くので、この実際損失を会社は認識できます。

他方、機会損失は見逃されがちで、この損失を認識していない、というよりも定量化できていないために認識できないことが、「うちには年商の10%のムダはない」という発言につながるのです。

機会損失を定量化する

では、この機会損失をどのようにすれば定量化できるか。次の例で考えてみましょう。

あるワゴン販売のお弁当屋さんでは、毎日朝から仕込みをして、価格は高めですが素材にこだわった手作り「特選弁当」を近くの公園で販売しています。

毎日の販売目標数１００個に対して、次の２つのケースで、損失金額を考えてみましょう。

弁当１個あたりの売価は１０００円、材料費（原価）は６００円とします。

場所の制約から、販売時刻は11時30分～14時です。

【ケースA】14時（販売終了時刻）に50個売れ残った場合
【ケースB】12時（販売開始後30分）に１００個完売した場合

ケースAでは、損失金額は、材料費の「６００円×50個」で、３万円です。

ケースBは、売れ残りはないので実際損失はゼロです。

ですが、ケースBで、当日公園で特別なイベントがあり、完売した12時の時点で行列が１００人続いていたとするとどうでしょうか。

あと１００個作っていれば、売れたのにと考えると、「利益＝１０００円－６００円」なので、損失金額は、「４００円×１００個」で、４万円となります。ただし、この損失金額は会社から、実際にお金が出て行くことはありません。**お金が入ってこない「機会損失」**です。

機会損失の定量化が重要

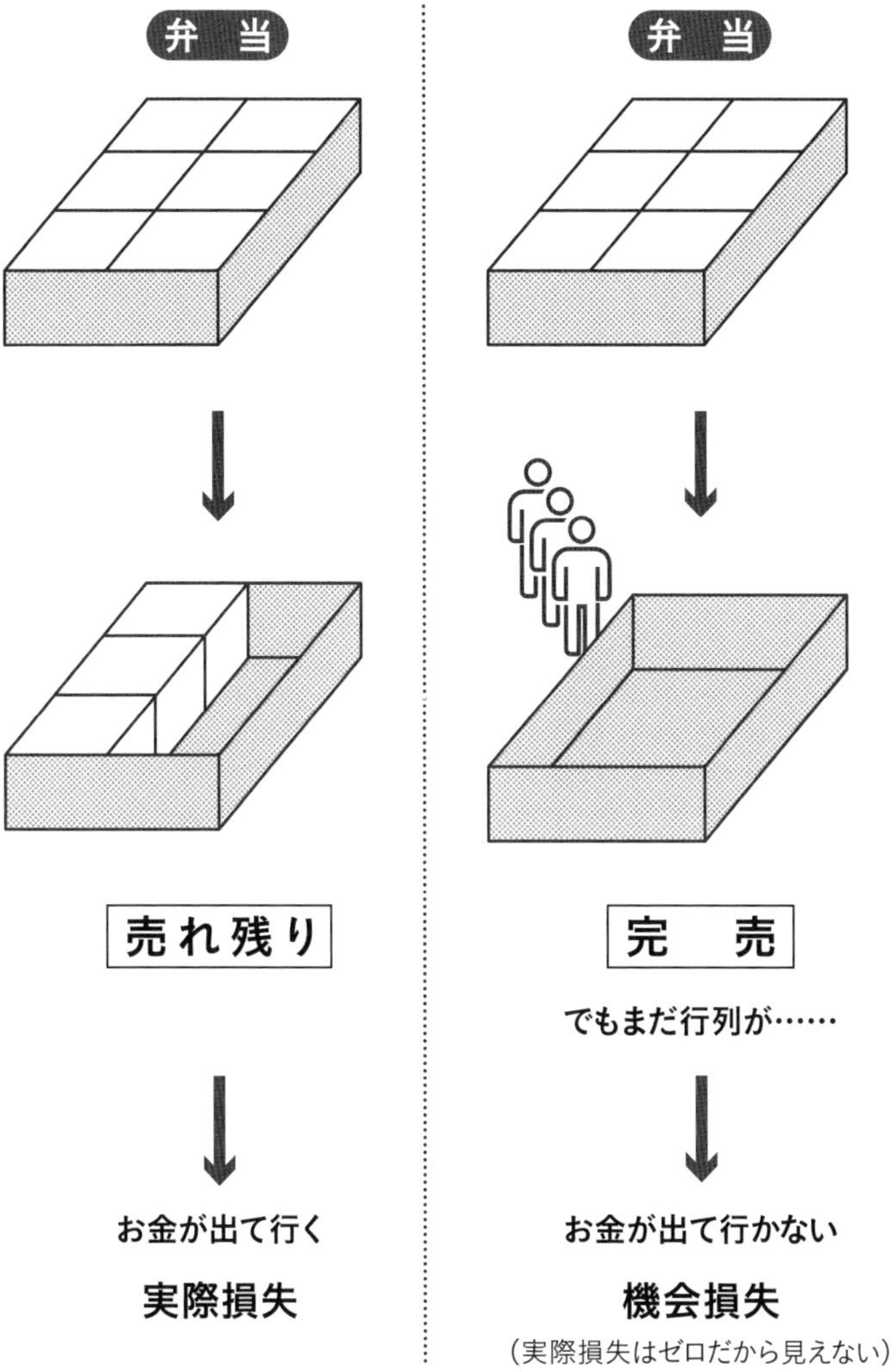

このように企業経営におけるムダは次の2つの損失で構成されています。

●実際損失：会社からお金が出る損失
●機会損失：会社にお金が入らない損失

これらの合計が年商の10％以上ということであれば、どの会社にも改善の余地があることが理解されると思います。

06

KPIマネジメントのキーワード③

人件費コスト

人件費コストは1秒イコール1円

企業の機会損失において、特に認識が薄いと思われるのが「**人件費コスト**」です。

ここで登場するのが、「**1秒＝1円**」という考え方です。

例えば、製造業などは、「1秒＝1円（1時間＝3600円）の人件費（原価）がかかっている」と考えるとわかりやすいと思います。

人件費の内訳は次のとおりです。

人件費＝給与手当＋交通費＋法定福利費（労働保険・社会保険の会社負担分）＋賞与負担額＋退職給与負担額＋福利厚生費等の合計額

時間あたりの人件費コストは、総人件費を総投入時間（総投入工数）で割って計算します。

例えば、人件費総額1・8億円、人数25名の会社ならば、

総人件費1・8億円÷総投入工数（稼動日数年間250日×1日8時間×25名）

で、1人、1時間3600円（1秒で1円、1日で2万8800円）です。
このように考えると、あらゆる仕事の〝人件費コスト〟を把握できます。
就業時間中に10名の社員が2時間の会議をして、結論が出なかった場合には、

10名×3600円×2時間＝7万2000円

の機会損失（人件費コスト）が生じたと考えることができるのです。

お金を生まない時間に注目する

人件費コスト

1秒＝1円

6人が参加した会議を
2時間行って進展がないと――

↓

（60秒×120×1円）×6人

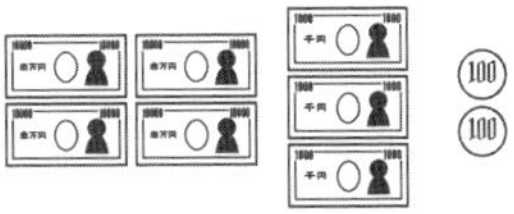

＝43,200円の
人件費コストのロス

07

KPIマネジメントのキーワード④

適正人員

適正人員の求め方

それでは人件費コストと関連して、**「適正人員」**について考えてみましょう。

売上10億円、限界利益6億円、営業利益1億円のC社の平均給与（年収）が４００万円だとした場合、この会社の適正なスタッフ数は何人でしょうか。

この会社がどんな業態を営んでいるかによって正解が変わってくるとは思いますが、財務的・管理会計的に考えると、ある程度答えが推測されます。

平均給与（平均賃金）は「給与総額÷従業員数」で求められます。

平均人件費は「人件費総額÷従業員数」で求められます。

ここで注意したいのは、「給与≠人件費」であることです。

給与と人件費の関係ですが、**給与の1・2〜1・5倍が人件費**です。

このとき、給与とは総支給額（税込金額）です。

この1・2〜1・5の割増係数がある理由は、法定福利費（労災保険、雇用保険・健康保険・厚生年金の事業主負担分）に加え、就業規則や賃金規定による賞与月次負担分と退職金負担分、さらに、福利厚生費（食事補助や制服支給分など）などが加算されるからです。そして、企業によってその内容や金額が異なるため、割増係数の0・2〜0・5の負担率が変動します。


どのような規模・業種・業態の企業でも、比較可能な唯一の財務指標は「限界利益（付加価値）」であると説明しました。

そして、**給与の元になる原資が「限界利益」である**ことも述べました。

C社の平均給与は400万円、給与と人件費の換算比率を仮に1・25とします。


平均人件費＝平均給与×1・25＝400万円×1・25＝500万円

ここで固定費を推定します。

管理会計では、

売上高－変動費＝限界利益

限界利益－固定費＝営業利益

です。そうすると、

限界利益（6億円）－固定費＝営業利益（1億円）

∴固定費＝6億円－1億円＝5億円

です。さらに、「固定費＝人件費＋物件費」ですが、この会社の「人件費：物件費」を「1：1」と仮定すると、

固定費＝5億円＝1：1＝2・5：2・5（人件費：物件費）

∴人件費＝2・5億円

適正人員の求め方

適正人員

総人件費 ÷ 平均人件費

総人件費

売上高 − 変動費 ＝ 限界利益

↓

限界利益 − 固定費 ＝ 営業利益

↓

固定費 ＝ 人件費 ＋ 物件費

平均人件費

平均給与 ×1.2〜1.5

平均人件費が、500万円となるので、

適正人員＝総人件費÷平均人件費＝2・5億円÷500万円＝50名

となります。

ここでのポイントは、人件費と同額の物件費があると仮定していることです。

これは設備投資を前提としているので、サービス業などではこの比率は変わってきます。

いずれにせよ、C社の人員が50名以下であれば、適正、反対に50名超であれば、過剰である、
ということがわかります。

08

KPIマネジメントのキーワード⑤

直間比率

直間比率は労働生産性から逆算する

適正人員数とのかかわりで、多くの経営者・経営管理者が頭を悩ませる、**「適正な直間比率（直接部門と間接部門の比率）」**についても、考えてみましょう。

直間比率の、絶対的な指標はありませんが、安定的な経営を考えるのであれば、**「労働生産性」**から逆算するとその答えが見えてきます。

労働生産性とは、**1人あたり年間の付加価値額、すなわち限界利益額**です。

労働生産性（年額）＝限界利益÷人数

前項のC社で計算すると、労働生産性は、「限界利益6億円÷50名」で、1200万円（年／人）です。

ちなみに日本の労働生産性（2020年度）は、公益財団法人日本生産性本部によると約809万円。OECD加盟国38カ国中28位（1970年以降最低順位）と低迷しています。

その低迷理由としては、「日本の人件費が高いから」となりがちですが、実は、この式には人件費は出てきません。

ほんとうの要因は、分母である人数にかかる人件費に比べて、それらが創出する分子（付加価値・限界利益）が低すぎることにあるのではないでしょうか。

日本では「ホワイトカラー」の生産性が低いと言われていますが、その論理的根拠は、労働生産性と同様に、「(労働）生産性＝アウトプット／インプット＝限界利益／人数」と考えれば、間接部門は付加価値を生んでいるものの、その金額には自ずと限界値があり、それに対して投入する人数・人件費が相対的に多いからでしょう。

つまり、労働（就業）人口のうち、直接部門：間接部門の割合（直間比率）において、間接割合が高いわけです。

端的に述べてしまうと、**事務作業を中心とした付加価値をあまり生まない仕事に対して、多数の労働者が従事しているのが、その原因の主たるもの**です。

直接部門が稼がなければいけない額とは

日本の労働生産性809万円という金額を月額換算すると、約67万円（809万円÷12カ月）です。この労働生産性の金額は、個人企業や大企業などすべて含まれているGDP（国内総生産＝総付加価値）と就業人口を元にしていると思われますので、企業規模・業種・業態によってかなり変わるはずですが、日本企業の総平均として参考になります。

前述のC社は労働生産性1200万円（月額100万円）、経常利益6000万円（納税額は約2400万円）ですから、この財務資料だけで見ると、企業業績・平均賃金（人件費）・納税額ともに売上10億円規模ながら、優良企業・健全経営と言えると思います。

管理会計上では、現在の間接割合は決して高いわけではありません。ただし、工夫次第では改善の余地はありそうです。

従業員数50名のうち、役員を含む総務部門のスタッフが10名とします。

間接部門は付加価値を生まないと考えた場合、残り40名の直接部門のスタッフは、いくら限界利益（付加価値）を稼がなくてはならないか――直接部門も間接部門も人件費の平均額は変わらないものとして考えてみましょう。

従業員数50名（うち間接部門10名）で、限界利益が6億円。これを40名で稼ぐことになりますから、直接部門の労働生産性は、6億円÷40名で1500万円です。

平均人件費が500万円ですので、このケースだと、直接部門のスタッフは、

人件費投資効率＝1500万円÷500万円＝300％

つまり、人件費の3倍稼がないと、間接部門のスタッフの人件費を賄うことはできません。

もしもこの会社が、間接部門の業務を改善して、その人員を直接部門に異動して直接部門の人員を増やし、限界利益（付加価値）が増える可能性があるのであれば、現在の直間比率である「40：10」、すなわち間接部門比率の20％が適正であるか、検討する余地が出てきます。

会社によっては、プレイングマネージャーである直接部門の管理職を間接人員とカウントすることもあるため、このあたりは、実態に即して考える必要があるでしょう。

適正な直間比率の求め方

直接部門：間接部門

↓

限界利益÷直接部門の人数
＝労働生産性（年額）

すなわち

直接部門１人あたりで
年間稼ぐべき限界利益額

⬇

最大化するための直接部門と
間接部門の人員バランスを考える

このようにして、機会損失や、人件費コスト、適正人員、適正直間比率について定量化することは、ヒトのパフォーマンスを改善することによって利益の最大化を目的とするプロセスマネジメント、すなわちＫＰＩマネジメントにとって、必要不可欠な視点なのです。

2

KPI マネジメント導入・運用のポイント

01

導入・運用で成功する4つのポイント

トップダウン、定量化、業績向上に連動、毎月フォローアップ

ＫＰＩを導入・運用し、成果を出すためのポイントは次の４点に絞られます。

- ポイント①　トップダウンであること。
- ポイント②　定量化されたものであること。
- ポイント③　業績向上に連動するものであること。
- ポイント④　毎月フォローアップを確実にすること。

それぞれ、順を追って解説していきましょう。

KPIマネジメント導入・運用のポイント

ポイント1

トップダウン

➡ 02

ポイント2

定量化

➡ 03 04 05

ポイント3

業績向上に連動

➡ 06 07 08

ポイント4

毎月フォローアップ

➡ 09 10 11

02

ポイント①　トップダウン

予算を分解してトップダウンで落とす

KPIテーマを個人に設定させてはいけない

ＫＰＩを導入する規模の企業であれば、経営目標としてまず、次のような年間予算を設定しているはずです。

- 売上予算
- 限界利益（粗利益）予算
- 固定費予算
- 利益予算

各予算をトップダウンで分解する

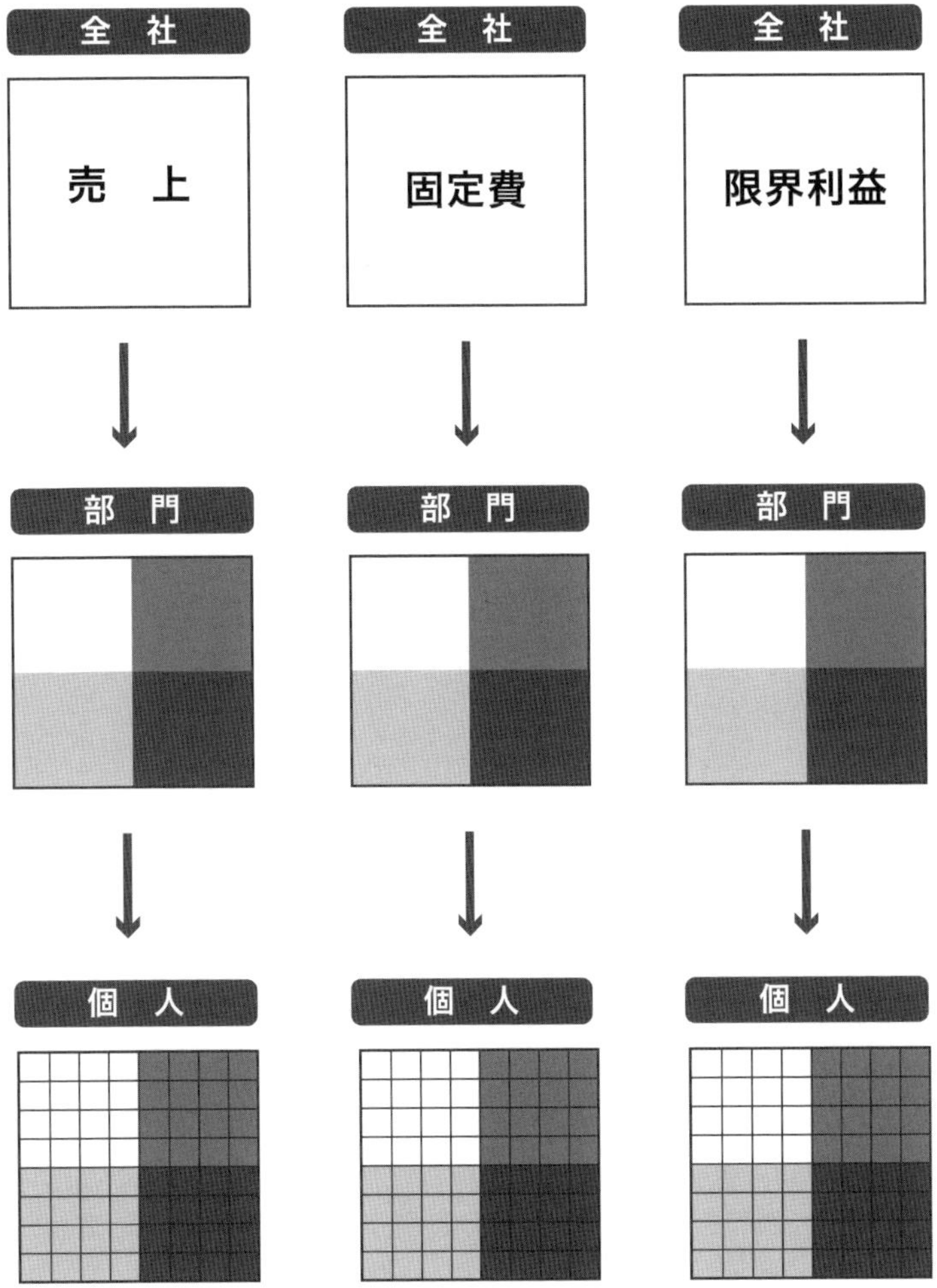

この予算を達成するために毎月・毎日努力をするわけですが、**ＫＰＩテーマについても、月次決算と連動して「全社テーマ→部門別・階層別テーマ→個人別テーマ」とトップダウンに設定していく**ことが重要です。

そのうえで、**「個人別テーマ達成→部門別・階層別テーマ達成→全社テーマ達成」というボトムアップで連動していく**ことが理想です。

もし未達成項目があれば、ポイント④のフォローアップにおいて、未達成の原因分析と（達成のための）再発防止策を上司・部下と一体となって協議することになります。

また、目標値を上司と部下の面談によって設定すること自体は問題ありません。ですが、**テーマについて、個人（部下）に設定させることはＮＧ**です。

いくら達成しても業績向上に結びつかないテーマでは、自己満足目標となり、「失敗するＫＰＩ」になってしまいます。あくまでも「目標達成＝業績達成」となるような関連づけを常に心がけること、すなわち「因果関係＝良き結果を生み出すための、良き原因（プロセス）」です。

予算（結果）と連動させたプロセステーマであることが「利益の出るＫＰＩ」の必須条件です。

03

ポイント② 定量化

目標は必ず定量化する

数値であらわされ、等号、不等号の判定基準があること

目標値は「**定量化**」されている必要があります。

「定量的」という言葉は「**定性的**」の反意語です。「昨日クレームが沢山あった」は定性的で、「昨日はクレームが5件もあった。いつもは1件以下なのに」というのが定量的です。達成度を判定するには、定量化されなければなりません。

具体的に定量化とは数値であらわすこと、つまり単位があるということです。

単位とは、円、千円、百万円、時刻、時間（H、M、S）、速度（km／H）、重さ（kg）、長さ（M）、㎡（平米）、㎥（立米）、％（パーセント）などのことです。

さらに、目標値ですから、「以上、以下、イコール、未満、超」などの等号、不等号の判定基準も必要です。

【設定例】「目標」（テーマ）軽微なクレーム件数＋目標値：5件以下
　→「実績」5件なら○（達成）、6件なら×（未達成）です。

初年度の目標値設定のポイントは、昨年度実績がクレーム50件で、毎月発生しているのであれば、無理に0としないで、まず半分の25件以下とすべきでしょう。

もちろん労災事故や重大クレームのようにあってはならないテーマについては前年実績がどうであろうと常に目標値は「0」とすべきです。

すべてのテーマは定量化できる

目標を定量化するというと、これは「定量化できない」という反論をするヒトがどの会社にも必ずと言っていいほどいます。

しかし、結論から言うと**定量化できないテーマはありません。**

定量化3つの条件

条件1

数値であらわせること

0、1、2、3、4、5、6、7、8、9……

条件2

単位であらわせること

¥、H、M、S、%……

条件3

判定できること

≧、≦、=、>、<……

例えば、5S（整理、整頓、清掃、清潔、躾）の達成率というテーマはどうでしょうか。

このようなテーマであれば、5Sパトロールを毎月実施することにして、定点観測の対象を決めて、チェックリストを作成します。

そして、「会議室の整理・整頓・清掃・清潔」なら、10カ所程度のチェックポイントをあらかじめ決めておいて、各ポイント5点満点で計50点として達成率を計算すればいいのです。


具体的にどうチェックするかですが、整頓であれば、「直角・並行・垂直」「三定：定位、定物、定量（位置を決め、置くものを決め、置く量を決める）」「識別表示（中味が何かがわかる）」などといった基準を使います。

また、識別には、モノの識別と状態の識別があります。工場では、部品Aと部品Bを見分けること（色、形状、識別番号、ロット番号など）や仕掛品について、不適合品か未加工品か、次工程・前工程は何か、などの状態を合わせて識別することが求められます。

なお、躾については、会釈・挨拶があるか、会議の定刻を守っているか、などのチェックリストを作成し、対象とするとよい職場環境づくりにつながるでしょう。


これらに加えて、7Sや8Sという考え方もあります。

会議室の5Sチェックリスト例

	チェックポイント	点　数	摘　　要
1	会議テーブル	5	清潔な状態が継続されている。
2	椅子・ソファー	3	整理、清掃されているが、直角・並行の乱れあり。
3	床	1	カーペットが一部破れている。
4	窓・サッシ	3	ガラスが磨かれていない。
5	内線電話台	1	不要なモノが置かれている。
6	書　棚	2	識別できていない書類がある。
7	壁(4面)	3	北側の絵画に埃が溜まっている。
8	天　井	3	清掃不足(クモの巣)
9	蛍光灯	3	一本切れている(整備不良でマイナス1点)。
10	ド　ア	4	清潔な状態(前回より改善されている)
	合　計	28/50	
	達成率(得点)%	56.0%	

評価例

1点：整理不足(必要ないものが置いてある)

2点：整頓不足(不要なものはないが、必要なものが識別されていない)

3点：清掃不足(整理、整頓はされているが清掃が行き届いてない)

4点：清潔な状態(整理、整頓、清掃ができている状態)

5点：前回清潔な状態(4点)で、その状態が維持されている。

7S、8Sとは「整理、整頓、清掃、清潔、躾、整備、安全＋節電、節水」です。

蛍光灯が切れていたら整備不足でマイナス1点、階段が濡れていて危険ならマイナス1点、使っていない応接室の電灯がつけっぱなしならマイナス1点というように、整備不良・不安全状態・もったいない状態があったら、リストから減点するといいでしょう。

チェックリストの達成が、目標の達成につながることを念頭に置いて、定量化されたチェックポイントを設定しましょう。

04

ポイント②　定量化

機会損失防止、実際損失防止、売上・利益伸長の目標を設定する

毎日30分のモノ探しで生じる損失とは

前項で挙げた5Sは、会社が利益を上げるうえで不可欠な取り組みです。**この5S活動を行う意味は、機会損失の防止です。**

卸売業を営むD社では、商品や資材の整理整頓が不十分なために、モノ探しが毎日のように発生しています。モノ探しは付加価値を生みません。探した結果見つからず、在庫品があるのに新たに発注することもしばしばです。

では、社員100名全員が毎日30分のモノ探しをすると1年間にいくらの損失になるでしょうか。1日8時間勤務で、年間所定日数を250日とします。

1秒＝1円（1時間3600円）で考えてみましょう。

100名×3600円×0・5時間×250日＝4500万円

なんと4500万円が、5Sが不十分なことによる年間の人件費の損失金額になるのです。ただしこれは、機会損失です。5Sが不十分だからと言って4500万円の支払いが発生するわけではありません。

時間で考えると、1日の所定労働時間が8時間ですから、そのうち0・5時間、すなわち6・25％です。付加価値を生まない時間が少なくとも6％以上あったら、前章の「年商の10％のムダがある」という話が現実味を帯びてきます。

以前、米国の調査で、**平均的なビジネスマンの累積のモノ探しの時間は、年間で8週間ほど**であるという結果が公表されていました。

年間250日、8週間×5日＝40日と仮定すると、モノを探すことによる損失の時間割合は「40÷250＝16％」。米国のビジネスマンでも一般的にこれだけのムダがあるとしたらびっくりです。

整理・整頓をきちんとしておけば、このようなモノ探しの時間損失は確かに減ります。

設定項目はバランスよく

チャンスロス

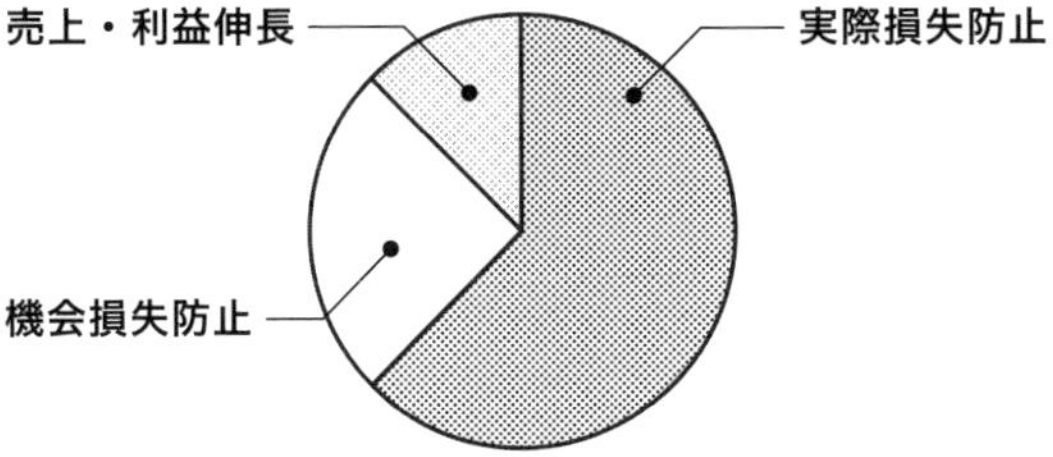

人件費ロス

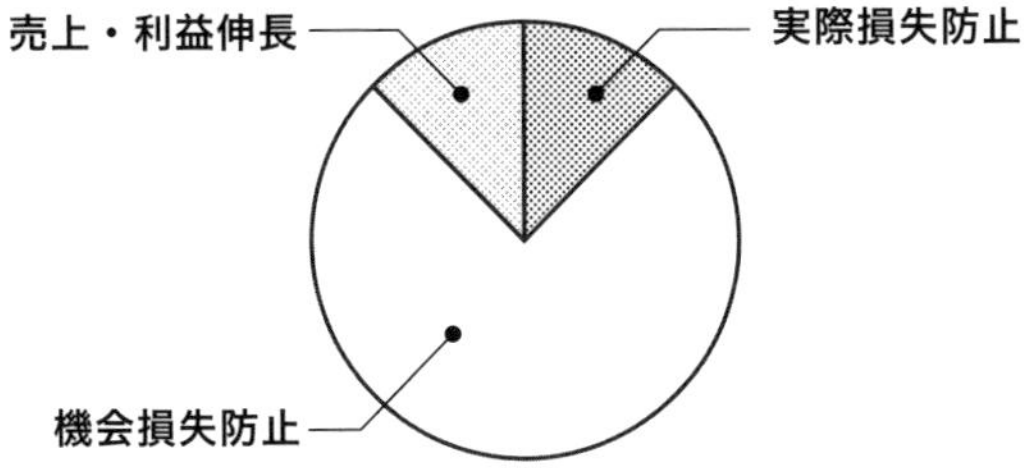

バランスがよい

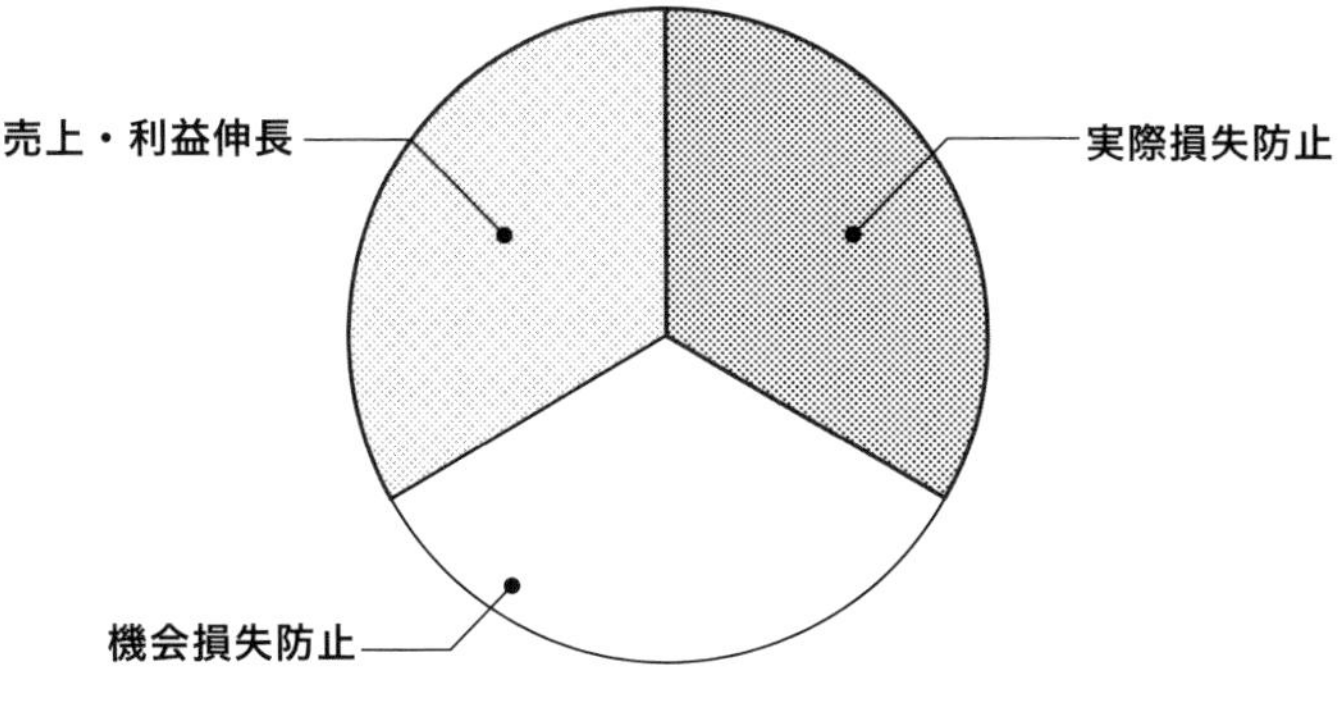

ただし、前項の5Sパトロールで言えば、評価が30点の職場は、70~90点を目指すべきですが、平均的に90点をマークしている職場で、90→100点に評価を上げるために、数十時間を費やすのは、費用対効果から見て不利益になる可能性があります。

同様に「見える化」もやりすぎると、消費する時間が付加価値を生まないため、人件費の機会損失を発生させる可能性があり、要注意です。

5Sを徹底しても、売上・利益が増えるわけではありません。

目標の設定にあたっては、機会損失の防止だけでなく、実際損失の防止、売上・利益の伸長なども踏まえた項目を用意するようにしてください。

05

ポイント② 定量化

月次の定量化で人事考課にも活用できる

考課者訓練が必要なくなる

ＫＰＩの結果を個人の査定、評価に使っている会社は多いでしょう。では、果たしてそれが有効に機能しているでしょうか。業績目標の達成につながるものになっているでしょうか。

本来「ＫＰＩテーマ」を適切に毎月設定し、目標値を定量化することができれば、結果は毎月自動的に出るため、「考課者訓練」のようなものが一切不要になります。

日本の職能資格制度は、定性的で曖昧な職能要件書や評価基準がベースとなって、さらにテーマ設定も明確でないため、そのような不明瞭なものを無理やり判断させる、「成績考課、職能考課、情意考課」が存在しています。

定性的で曖昧な評価でも、考課者の頭の中で無理やり指数化し、最終的には昇給額・賞与額などの金額（数値）に換算されるわけです。

もちろん、上司が結果だけを単純に採用するのではなく、その実施状況やテーマ並びに結果数値、進捗度合いや部下全体の得点バランスを見たうえで、多少の定性的評価を加えることは間違いではありません。

例えば、**ＫＰＩの導入初年度は上司による加減点幅を20％、翌年度加減点幅を10％、運用に慣れてきた3年目以降は加減点5％などとする**とよいでしょう。

いずれにしても、すべてのＫＰＩテーマを定量化して、「目標管理の毎月のフォローアップ」をしっかり行えば、査定時期の評価担当管理職の負担は激減するのです。

KPI導入で人事考課が変わる

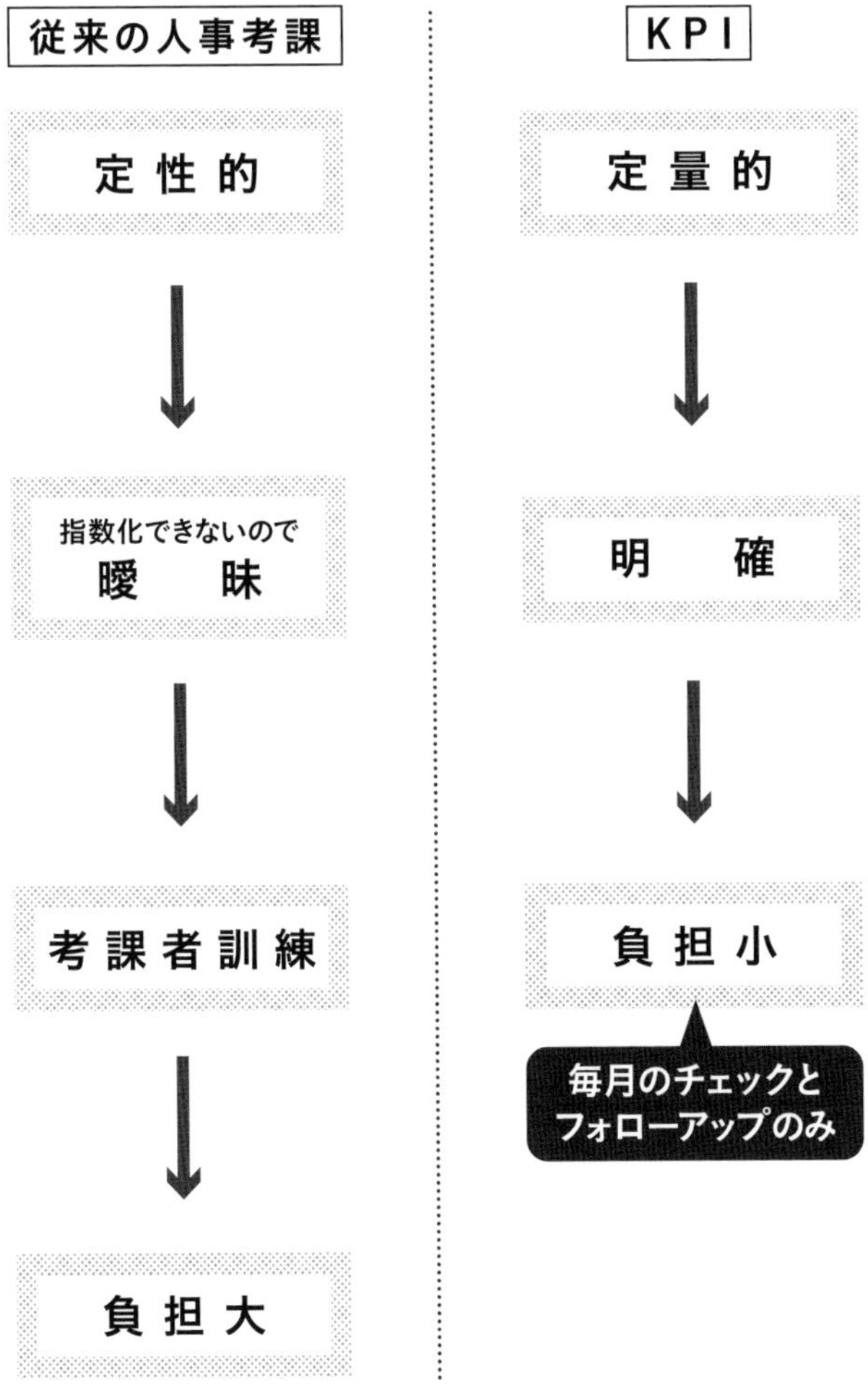

06

ポイント③　業績向上と連動

売上、変動費、限界利益、固定費、営業利益と必ず連動させる

「売上と利益の方程式」とは

成功するKPIマネジメントの3つめのポイントは、**業績向上に連動すること**です。

では、そもそも業績とは何を指すのでしょうか。

この質問に対する回答は、経営者、従業員、投資家など、立場によって内容が異なるはずですが、おおむね次のようなものになるでしょう。

「売上（年商）、限界利益、売上総利益、営業利益、経常利益、納税額、税引後利益、社員の平均年収額、配当額、キャッシュフロー、企業規模、資本金額、顧客満足度、社会貢献度など」

一般的に民間企業の企業業績と言えば、「売上高、経常利益額」などがこれにあたります。

本書では、基本的に**「管理会計」**の考え方をもとに解説をしていますが、会計に関するもう1つの考え方に、**「財務会計」**があります。財務会計は、経理担当が作成する月次決算や年次決算で、税務申告のもとになり、銀行などに提出する決算書のことを指します。

両者の違いを説明しておくと、まず、財務会計も管理会計も売上金額・営業利益額は同額です。財務会計では、総費用について「売上原価・製造原価、販売費及び一般管理費」としており、管理会計では、「総費用＝変動費と固定費」とする違いがあります。

経営改善の現場で多用されるのは、管理会計です。その一番の理由は**「損益分岐点売上高（BEP＝Break Even Point）」が容易に計算できる**からです。

管理会計の変動損益計算書では、「売上に比例して増える変動費」と、「売上にかかわらずある程度一定の固定費」とに分離することにより、「利益を○円増やすには、売上を○○円増やせばよい」という判断ができる、すなわち**「売上と利益の方程式」がわかる**のです。

損益分岐点売上を使った、損益分岐点分析の最大の特徴は、限界利益と固定費を比較することです。

「売上に比例する変動費」を換言すれば「売上に比例する限界利益」です。

そしてこの限界利益と「売上に比例しない固定費」とを比較することで、現在の売上をいくら増やせば、赤字にならないのか、あるいは現在の売上がいくら減ったら、利益がゼロになるのかを簡単に求めることができます。

損益分岐点売上高は次の計算式であらわせます。

損益分岐点売上高（ＢＥＰ）＝（固定費÷限界利益）×現在の売上高

このとき、

「固定費＞限界利益」だと赤字で、赤字にならないために必要な売上高

「固定費＜限界利益」だと黒字で、利益がゼロになってしまう売上高

がわかります。

計算式であらわすとこうなりますが、これは、固定費が限界利益より大きいと赤字、固定費が少ないと黒字という過不足割合の比率を、現在の売上に掛けているにすぎません。

損益分岐点分析の方法

$$\text{損益分岐点} = \frac{\text{固定費}}{\text{限界利益}} \times \text{売上高}$$

固定費：売上に比例しない

限界利益：売上に比例する

固定費＞限界利益

損益分岐点 − 売上高 → 赤字の解消に必要な売上

固定費＜限界利益

売上高 − 損益分岐点 → 現状出ている利益

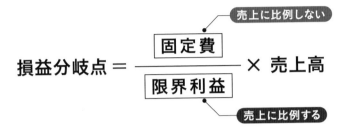

もっと簡単に計算すると、固定費が5、限界利益が4のケースであれば、営業利益は「4－5＝△1（赤字）」、利益ゼロにならないためには現在の売上を「5÷4＝1・25倍」すればいいことがわかります。

固定費が4、限界利益が5の場合であれば、営業利益は「5－4＝＋1（黒字）」、利益ゼロになるまでは、現在の売上が、「4÷5＝0・8（80％＝2割減少）」になるまで余裕があることがわかるのです。

損益分岐点売上高を計算する

図のD社の損益分岐点売上高（利益＝ゼロのときの売上高）を計算してみます。

損益分岐点売上高＝（固定費÷限界利益）×（現状の）売上高
＝（5億円÷6億円）×10億円＝約8・333億円

すなわち、売上高8億3330万円ほどです。検算をしてみましょう。

限界利益＝8・333億円×60％＝4億9998万円（≒5億円）

損益分岐点分析の例

D社

	（単位：億円）	
売上高	10	
変動費	4	（変動費率：40%）
限界利益	6	（限界利益率：60%）
固定費	5	（人件費：2.5億円、物件費：2.5億円）
営業利益	1	
営業外費用	0.4	
経常利益	0.6	
法人税等	0.24	（経常利益の40%）
税引後利益	0.36	

↓

損益分岐点

（固定費÷限界利益）×現状の売上高

（5 ÷ 6）× 10 ＝ 8.333億円

↓

D社が赤字にならないために
絶対必要な売上高

固定費は変わらない前提として、「営業利益＝限界利益－固定費≒０」となります。つまり、売上高が８億３３３０万円以上なら、この会社は赤字にはなりません。

なお損益分岐点の計算上では、現在の経営資源（ヒト・モノ・カネ）の投資額から見て、一定の操業度では収益構造が変わらないものと仮定して計算します。

収益構造が変わらない条件とは、変動費率（限界利益率）と固定費額が不変であることです。

ＫＰＩテーマは管理会計と連動する

管理会計上のキーワードをまとめると、**「売上、変動費、限界利益、固定費（人件費、物件費）と営業利益」**という結果数値となり、**成功するＫＰＩでは、各テーマは、必ず管理会計のこれらの科目分類に連鎖する必要があります。**

これらのキーワードと、それに連動するプロセスを関連づけたものが次ページの図です。

ＫＰＩマネジメントの主要なテーマは、この図でほぼカバーできると言ってよいでしょう。

KPIマネジメントのテーマ関連図

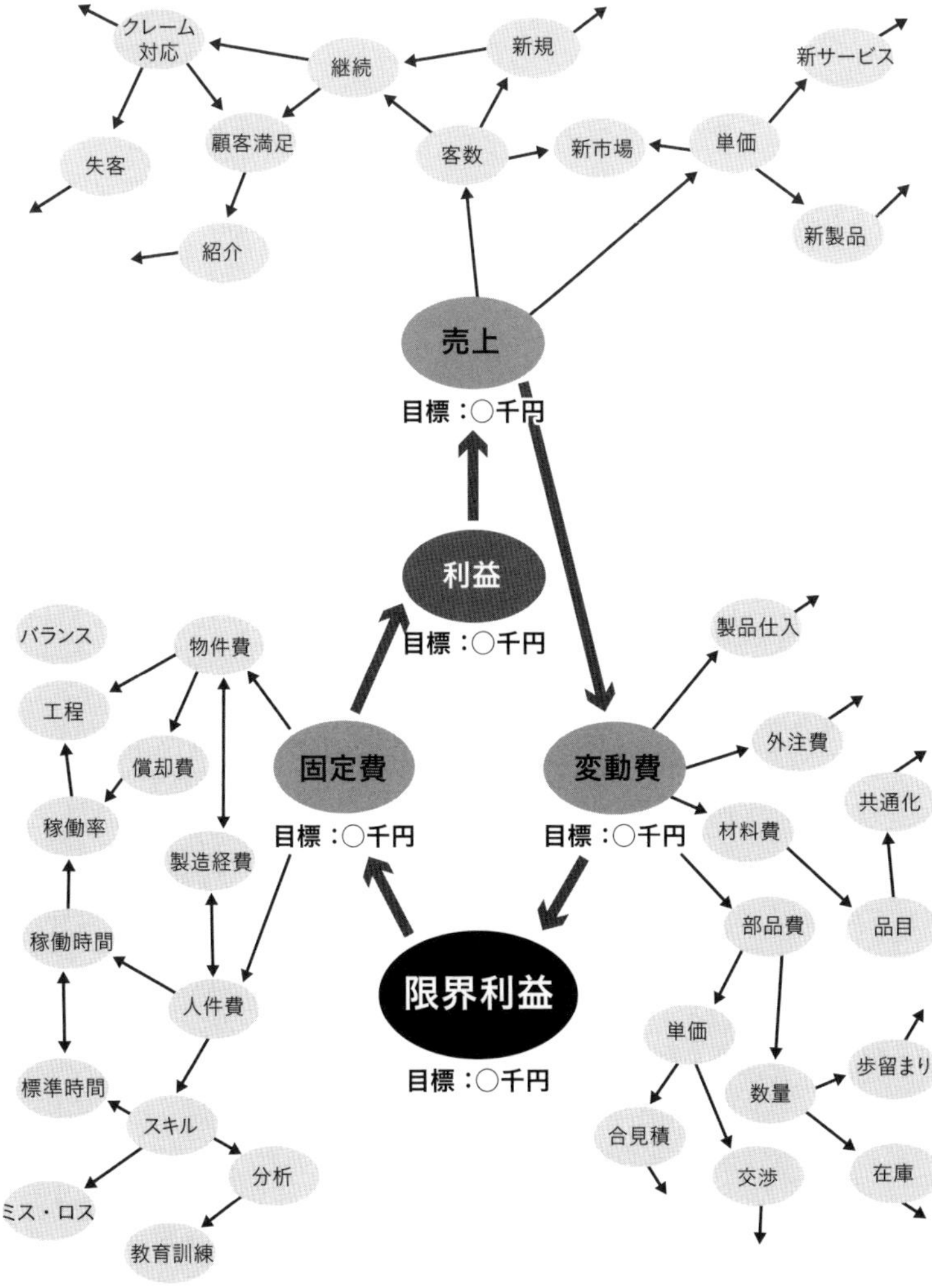

07

ポイント③ 業績向上と連動

目標設定の具体的手順

結果に連動しない目標は設定しない

それでは、目標設定の手順を具体的に見ていきましょう。

売上予算を計上するとき、**「売上目標は年間○億円」**と決めるはずです。同時に、**「月次の予算」**も設定します。この月次予算は過去データから見て、当然ばらつきを考慮している必要があります。

売上にはばらつきがあり、月次で増減しますが、**「固定費」**は毎月ほぼ一定です。

このとき、固定費も月額予算として、それぞれ科目ごとに金額が不変な地代家賃、リース料などと、人件費（残業など）、水道光熱費など操業度・消費量によって金額が変動するものとに分けて予算金額を設定することがポイントです。

変動費は売上に比例して増減しますので、**「変動費率目標○%」**とします。

KPIマネジメントの成功において最も重要なことは、「結果目標とプロセス目標」とは、その影響の大小はあれど、常につながっていて連動するということです。

逆を言えば、まったくつながりのない無関係な仕事があるとしたら、その業務自体がムダかもしれないということになります。

例えば、販売業において「売上」という結果数値を1つの見方で分解すると、**「売上=客数×客単価」**となります。

さらに、**「客数」**をプロセスに分解すると、

客数=新規来店客数+リピーター来店件数、性別・年代別、地域別など

同じく、**「客単価」**なら、

客単価=新製品+定番商品、購入数量別、アイテム別など

に区分できます。

また、「売上」も**月別金額、対前年同月比、月平均、ばらつき具合**などに分解できるでしょう。

変動費や固定費についても同じことができます。

つまりこれらの連動した**1つずつのプロセスがテーマとなり、「インプット→プロセス→アウトプット」それぞれをいくらにするのか、**現状を踏まえて目標値を設定するのです。

結果目標をプロセス目標に分解する

具体例で考えてみましょう。

オフィス街に店舗を構えるコンビニ（E社）では、年間の予算管理をしています。FC本部から与えられた、7月度（営業日数31日）の売上目標金額が、2170万円とします（このコンビニの全国平均の客単価は700円です）。

これをプロセスに分解すると、

売上＝2170万円÷31日＝70万円／日

結果目標からプロセス目標に分解する

売上 ＝ 客数 × 客単価

売上	客数	客単価
☑ 月別金額	☑ 新規	☑ 新製品
☑ 対前年同月比	☑ リピーター	☑ 定番商品
☑ 月平均	☑ 地域	☑ 購入数量別
☑ ばらつき具合	☑ 年代	☑ アイテム別
☑ …	☑ …	☑ …

目標設定3つの視点

①インプットは？

②プロセスは？

③アウトプットは？

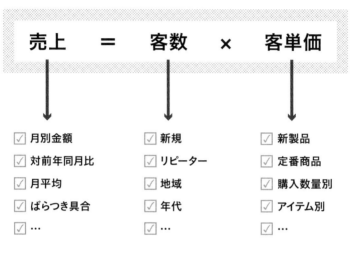

しかし、この単純平均をそのまま日別売上目標に置き換えることはできません。

現実には、その店舗の立地条件など地域性があり、曜日別とか、天候、さらに月の上中下旬ごとに来店・売上傾向が異なるはずです。ここでは曜日のみ考慮して考えてみましょう。

カレンダーを見ると、この年の7月は、土日（10日）、祝日（1日）、月～金（20日）となっていました。

まずは、過去データを分析します。土日祝日の売上を1倍とすると、平日は2倍となっていました。すなわち、売上比率が「土日祝：平日＝1：2」となります。

E社は、ビジネス街にあるので、平日の方が週末よりも来店客数が多いのでしょう。

指数計算すると、「土日祝（11日）×（1倍）＋平日（20日）×（2倍）＝延べ51日」。

売上目標単位＝2170万円÷51日＝42・549万円（単位数）

これによって、

土日祝（11日）×1倍×42・549万円＝468・039万円……A

平日（20日）×2倍×42・549万円＝1701・96万円……B

プロセス目標をさらに分解する

売上	=	客数	×	客単価
↓		↓		↓
☑ 月別		☑ 月別		☑ 月別
↓		↓		↓
☑ 曜日		☑ 曜日		☑ 曜日
☑ 上旬		☑ 上旬		☑ 上旬
☑ 中旬		☑ 中旬		☑ 中旬
☑ 下旬		☑ 下旬		☑ 下旬
☑ 天候		☑ 天候		☑ 天候
☑ …		☑ …		☑ …

A＋B＝468・039万円＋1701・96万円＝2169万999円≒2170万円

延来店客数目標は、2170万円÷700円＝3万1000人

土日祝の売上目標設定は、42・549万円／日

平日の売上目標設定は、85・098万円／日（2倍）

と設定されます。

これが、プロセスに分解するということです。

KPIマネジメントとは、PDCAサイクルを回すこと

次に客数が決まります。平均客単価700円と固定しておいて、土日祝の1日あたり来店客数目標設定は、

42・549万円 ÷700円＝607・84→608名……C

平日の来店数目標設定は、

プロセス目標設定例

7月売上目標

2,170万円

↓

2,170万円÷31日＝

日次目標

70万円

7月売上目標

2,170万円

↓

曜日特性を考慮

平日売上：土日祝売上

（○○日）：（○○日）

＝2：1

↓

延来店客数目標：

3万1,000人

土日祝日売上目標：

42.549万円／日

平日売上目標：

85.098万円／日

85・098万円÷700円＝1215・68→1216名……D

となります。検算すると、

総来店客数目標（C×11日＋D×20日）＝（6688名＋2万4320名）＝3万1008名

月次売上目標（修正）＝3万1008名×700円＝2170万5600円（再設定）

現実の客数や客単価は毎回変動します。毎日予算と実績を比較して、目標未達成なら、残りの日数で挽回できるように計画を立て直す必要があります。

この客数と客単価を上回ることができるように、経営者は販売促進活動をしなければなりません。これらを月次のKPIテーマと目標値に落とし込むと、次ページのように展開されます。

本来**KPIとは、このように計画を立て、毎日、毎週、毎月、過去そして将来にわたってチェックして改善するもの**です。

まさに**マネジメントサイクル（PDCA）の実践**なのです。

KPI設定シート例

区分	テーマ	目標値	単位	摘　要
S	売上高	21,705,600	円以上	前年同月売上 2,108 万円
M	限界利益額	8,682,240	円以上	FC 本部から基本 40%（規定値）
P	月次利益率	5	%以上	前年同月 4.5%
S	来店（購入）客数	31,008	名以上	前年同月来店者数 31,000 名
S	平均客単価	700	円以上	前年同月平均客単価@680 円
C	廃棄金額（売上比）	8	%以下	日配物（前年実績 9.5%）
Q	賞味期限切販売	0	件	前年同月 3 件（POS レジで発見）
C	返品率（赤伝）	10	%以下	前年同月 12%（売上比）
C	商品破損率	1	%以下	前年同月 2%（売上比）
D	シフト遵守率	95	%以上	バイトドタキャン 10 回以下
C	人件費総額	2,678,400	円以下	3 名 ×24h×31 日 ×@1,200 円
C	万引き損失件数	0	件	前年同月5件（上代 8,000 円）
S	独自ｷｬﾝﾍﾟｰﾝ実施回数	3	回以上	FC 本部関係は別カウント
D	店頭欠品件数	20	件以下	7：00～23：00 までは 3 件以下
Q	重大なクレーム件数	0	件	前年同月 1 件（商品入れ忘れ）
Q	軽微なクレーム件数	5	件以下	前年同月 6 件
Q	先入先出し徹底	90	%以上	検査合格：28 日 /31 日=90.3%
Q	清掃徹底率	100	%	チェックリストによる 31 日 /31 日=100%
Q	トイレ清掃徹底率	100	%	チェックリストによる 31 日 /31 日=100%
O	ミーティング実施回数	3	回	朝昼夜ミーティング記録をとる
O	業務日報提出率	100	%	

区分：S：売上、M：限界利益、P：利益、Q：品質、C：コスト、D：納期、O：一般

08

ポイント③　業績向上と連動

結果をプロセスに連動させる

仮説と検証を繰り返す

前項のコンビニE社の、ある年の7月の売上目標は2170万5600円（購入客数目標3万1008名、客単価目標700円）でした。

このとき売上実績が2108万5440円であれば、売上項目は惜しくも未達成です。
目標：実績＝2170万5600円：2108万5440円＝△62万0160円（不利差異）
達成率は、2108万5440円／2170万5600円＝97・1％
残念ながら、あと、2・9％（ポイント）足りません。

達成率97％ならば、あくまでも目標管理の判定結果は×（点数はゼロ）です。

判定は厳密に行うこと

売上高

目標値	**2,170**万円
実　績	**2,108**万円
達成率	**97.1**%

↓

判　定

×

未達成

※△はなし

ただしマネージャーとしては、**従業員のモチベーションを下げずに、再発防止策を立案し、翌月挽回すればよいような施策を考えるべき**です。

売上実績が2108万5440円のときの、ジャーナルを分析すると、「購入客数3万1008名、客単価680円」と出ました。

購入客数の目標は達成しています。KPI設定のシートの4項目の判定結果は「○」です。売上テーマでは「×」ですが、この「来店（購入）者数」というプロセス目標は達成しています。同じく「平均客単価目標」は「700円→680円」で未達成「×」です。

この**結果とプロセスを連動させる**のが、成功するKPIの真骨頂です。

原因分析の結果、客数は達成、客単価が未達成でした。再発防止策はどのようにすればよいでしょうか。客単価を上げるだけでなく、客数を増やす工夫も必要です。来店者イコール購入者ではありませんから、来店しても、買わずに帰る客を減らす努力や来店者そのものを増加させる販売促進活動などを考えます。

そうすると、例えば「700円以上買うと、スピードくじが引けて景品をその場でプレゼント！」キャンペーンを実施することなどが考えられるでしょう。

マネジメントサイクルを回しながら、仮説と検証を繰り返していくことが重要です。

結果をプロセスに連動させる

平均客単価

目標値	**700**円
実　績	**680**円
達成率	**97.1**%

↓

判　定

↓

再発防止策

例）700円以上購入者プレゼントキャンペーンの実施

目標達成のための
プロセスを考える

09

ポイント④　毎月フォローアップを実施

毎月集計・評価を行う

半年、1年ごとの振り返りでは意味がない

ＫＰＩ活動を導入・運用している企業でも、その目的が業績向上というより、人事評価のためという意味合いが強い会社は、半期ごとに集計と面談を実施しているところが多いような気がします。

つまり、年2回（夏冬）のボーナス査定時期、年に1度の昇格・昇給時期に1年分の集計をして評価・査定するということです。

ですが、業績向上につながるＫＰＩを運用するためには、あくまでもこれを**月次決算と連動させる**ことが必要です。

KPIの目的は？

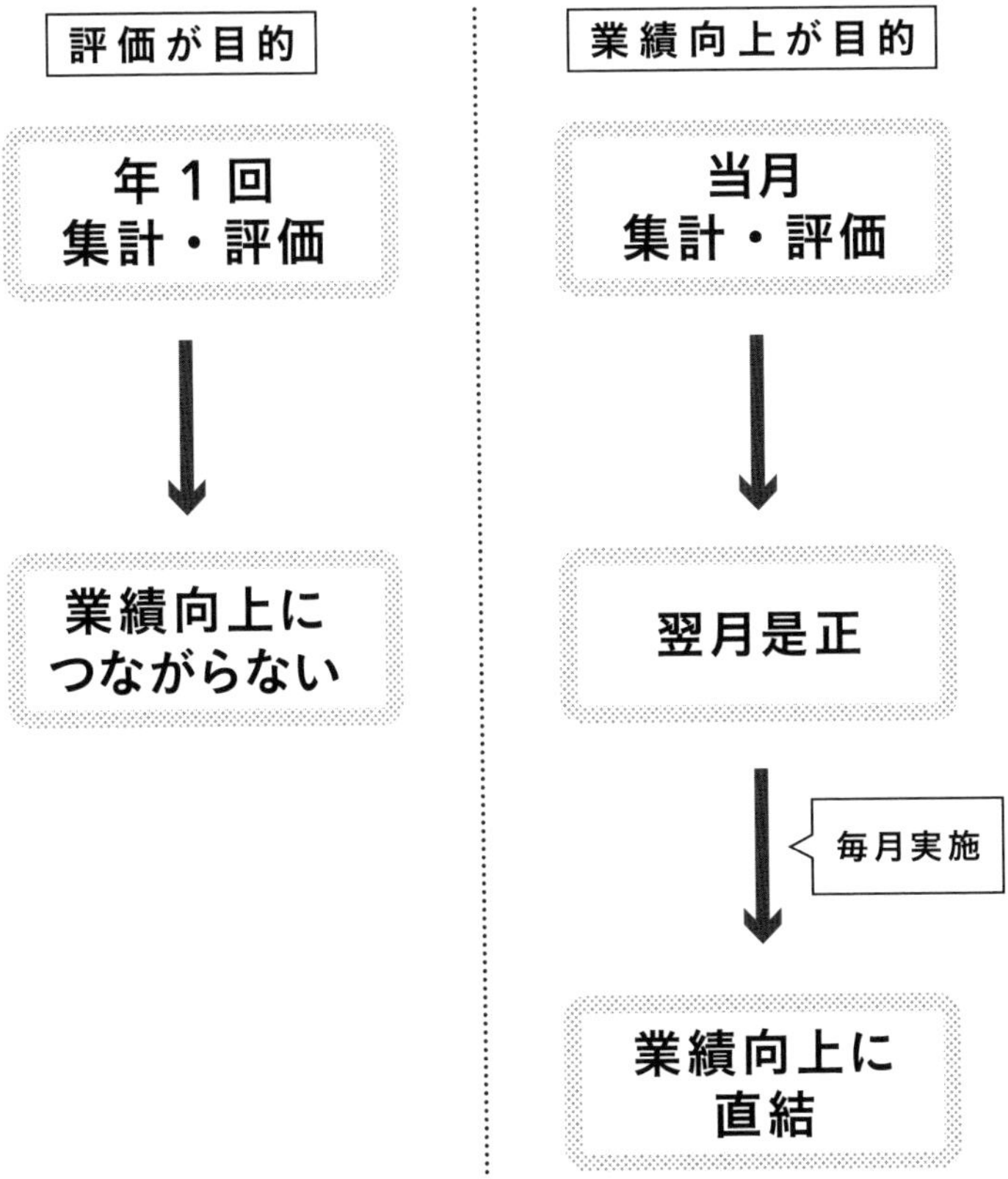
評価が目的
年1回
集計・評価
業績向上に
つながらない
業績向上が目的
当月
集計・評価
翌月是正
毎月実施
業績向上に
直結

すなわち**毎月集計して、目標未達成項目は翌月以降に是正**しなければなりません。**半年に1回あるいは年1回の振り返りでは遅すぎる**のです。

KPIは、あくまでも業績向上を第一、個人の評価を第二です。

この点をまず、しっかりと押さえる必要があります。

部門の評価は、ボーナス・決算賞与・昇給原資の決定に、そして、個人への配分は個人評価を使うのが原則ですが、**毎月の結果については、翌月の月次決算が出るタイミングで集計・評価して、翌月のテーマ及び目標設定に生かせるように、原因分析と再発防止をきっちり行う**必要があります。

「毎月実施すること」このように書くと大変そうですが、年2回の評価時期に膨大な時間を費やすよりも、毎月こまめにフォローしておけば、評価時期の負担が減り、毎月の業績向上効果と社員のモチベーション維持に期待ができるのです。

10

ポイント④　毎月フォローアップを実施

「敗者復活制度」をつくる

社員のモチベーションを維持することが重要

毎月の各テーマの達成度判定はあくまでも「○か×」です。月次売上目標を1000万円として、その月の売上結果が990万円としたら、判定は×です。これを100点満点で、99点を与えてしまうと、1000万円というハードルを設定した意味がないからです。したがって、この**目標設定はある程度慎重に行う**必要があります。

前年対比はもちろん、**年間予算（月次と期首からの累積）をにらんで、簡単に達成できず、少しストレッチをかけた目標設定が必要**ということです。

ここで、もっとも重要なことは社員のモチベーションの維持です。

売上目標のような累積性のものであれば、例えば半年以内を執行猶予期間とし、次ページのように「**敗者復活制度**」として回避できます。

したがって、累積回復した8月度は、１００点を超えることもあります。

このケースにおいては、５カ月目で累積達成できたということは、毎月予算配分の誤差とも考えるべきであり、ポイントを復活させるという配慮をするわけです。

とはいえ、この**敗者復活期間は、あまり長すぎてもよくないので、企業の実情にあわせて半期、四半期あるいは移動平均など適切に設定すべき**でしょう。

KPIの敗者復活制度とは

第○○期 ×○部門KPI：月次売上目標(単位：千円)：現在 10 月初旬

	4月	5月	6月	7月	8月	9月	10月
単月目標	10,000	12,000	9,000	8,500	8,000	9,500	12,000
単月結果	9,000	11,000	8,500	9,500	12,000	9,000	-
判定	×	×	×	○	○	×	-
ポイント	0	0	0	10	10	0	-

↓ 累積で逆転

	4月	5月	6月	7月	8月	9月	10月
累積目標	10,000	22,000	31,000	39,500	47,500	57,000	-
累積結果	9,000	20,000	28,500	38,000	50,000	59,000	-
判定	×→○	×→○	×→○	×→○	○	○	-
修正ポイント	0	0	0	0	50	10	-

↑ ポイントの復活

11

ポイント④　毎月フォローアップを実施

原因分析と改善はどうやって行うか

目標設定の妥当性を検証する

フォローアップこそ管理職のマネジメント力が養われる場です。マネジメントとは、マネジメント（デミング）サイクルの実践に他なりません。すなわち、「P→D→C→A」です。KPIを成功に導くには、

【P】毎月のテーマと目標値設定（計画）
【D】毎日（毎週）の支援（実行）
【C】結果の集計
【A】翌月初めのフォローアップとテーマ・目標値修正（測定・分析及び改善）

KPIマネジメントのPDCAサイクル

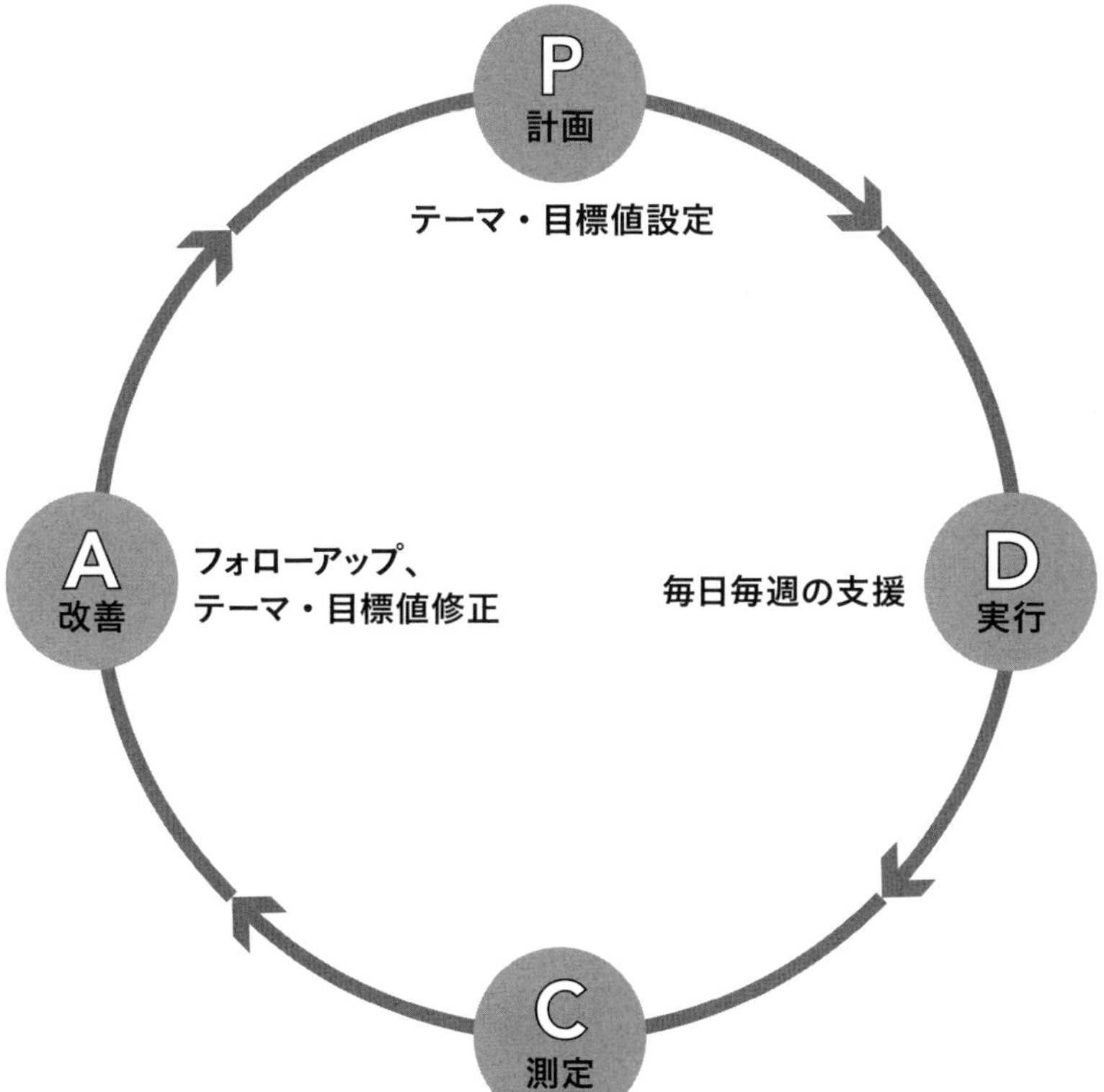

に上司が積極的に関与することがポイントです。

フォローアップで大事なことは、まず、**目標設定が妥当であったかの検証**です。そして、**個々のテーマ＋目標値において未達成項目についての是正処置**です。**是正処置のステップは、まず原因分析であり、（達成するための）再発防止策を一緒に考えること**です。

４Ｍ手法で原因分析を行う

ここで使いたいのが「**４Ｍ手法**」です。

４Ｍとは、「**Material**（**材料**）、**Machine**（**設備**）、**Man**（**人**）、**Method**（**手順**）」です。

５Ｍ（＋マニュアル＝手順書）というヒトもいます。

ＩＳＯ９００１など導入している企業では、原因分析としてお馴染みの４Ｍですが、どのように深く掘り下げて追求するのか、例を通してみてみましょう。

焼肉チェーン店（Ｆ社）のＫＰＩに「お客様からの重大クレームゼロ」があったとします。

あるとき「食事後お腹が痛くなった」というクレームが発生しました。

Ｆ社に原因があるかどうかは不明ですが、クレーム対応を要求されました。対応を４Ｍで考

原因分析の方法

客単価

目標値	**700**円
実　績	**680**円

↓

判　定

×

未達成

↓

4M手法で
原因分析を行う

①材料（Material）は？

②設備（Machine）は？

③人（Man）は？

④手順（Method）は？

えましょう。

【材料】新鮮な食材を使っているか？
【設備】衛生的な調理器具を使っているか？　提供する皿やどんぶりは殺菌消毒されていたか？
【人】資格をもった腕の良い調理人が調理したか？
【手順】マニュアルに従って手順どおり調理したか？

いわゆる、食品偽装や耐震偽装、燃費問題などの不祥事が発生した場合、この４Ｍのどれか、あるいは複数に問題があったことが多いようです。

【材料】賞味期限切れの食材を使ってしまった。
【設備】忙しくて、調理器具の殺菌消毒をさぼってしまった。
【人】人手不足で新任のアルバイトに調理をまかせてしまった。
【手順】法律どおりのマニュアルに規定されたトリミングを怠ってしまった。

もし、これらに思い当たれば再発防止策を立てる必要があります。例えば、

【材料】受入検査をきちんとする。信頼できる食肉業者を選定する。
【設備】調理器具・食器、トイレなどの殺菌・清掃などを徹底する。
【人】チェーン店全体で有資格者を確保する。人手不足であれば、本部で集中加工するなど。
【手順】手洗いをしているかなど手順を文書化し、手順どおりの作業を確実にさせる。

これらは、自社に非がないことを証明する場合にも有効です。クレーマー対策として、これら4Mを記録によって証明できることが企業のリスク管理にもなります。

この4Mの追跡ができることを「トレーサビリティー（追跡能力）」と言います。

原因がヒトだったら、さらに掘り下げを

原因分析を実施した際、**【人】「ヒューマンエラー（人為的ミス）」**に分類することが多い場合はさらなる掘り下げが必要です。

ヒトによるミスと思われる場合でも、次のような**「スキル方程式」**を基準にして区分するとよいでしょう。

スキル方程式＝知識×技能×コミュニケーション力×管理力

【知識不足】 必要な知識を身につけていないために発生するミス。
【技能不足】 知識・手順は理解しているが、実際にやりこなすことができない。
【コミュニケーション不足】 いわゆる「報連相」のこと。
報告：上司または仕事の依頼者への結果の伝達
連絡：関係者への必要事項の伝達
相談：問題解決あるいは発生防止のための協議
【管理力不足】 管理力とは自己または部下のＰＤＣＡが実践できるか。

このように定義して「スキル」として何が足りないかを具体的に指摘することが重要です。

この4項目に問題がなければ、はじめて「うっかり」ミスとなります。

うっかりは「集中力不足」などに起因することが多いので、業務が多忙すぎるか、健康管理に問題はないか、場合によっては労務管理の問題にも発展します。

さらに、「意識不足」もあります。能力十分なのに期待どおりの成果を上げられない場合はこのケースです。モチベーションが維持できるように上司は配慮する必要があります。

ヒューマンエラーの原因分析

判　定

✕

未達成

↓

原因分析

③人為的ミス

↓

【知識不足】か
【技能不足】か
【コミュニケーション不足】か
【管理力不足】か

スキル方程式

↓ 該当しない場合

うっかりミス

【集中力不足】【意識不足】

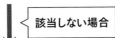

3

部門別 KPI テーマ設定例

01

マネジメントを成功に導く7ステップ

KPIテーマはマネジメントの成果と連動しなければならない

本章では、**部門別のKPIテーマ設定のポイント**を解説します。

その前に、あらためてマネジメントの全体像を確認しておきましょう。

マネジメントとは、「企業利益を生み出すために、与えられた経営資源（ヒト・モノ・カネ）をうまくやりくりする方法論」だと述べました。

その目的は、次の2つに集約されるといってよいでしょう。

①業績を確保し、会社を継続させ、雇用を守ること。

②顧客満足、成果配分を通じて社会の公器として貢献すること。

①は会社及び従業員目線からの目的であり、②は投資家（株主）や社会からの要請であると言えるでしょう。
そして、この目的を達成するために、以下の7つのステップを実行していきます。

【ステップ1】経営資源である、ヒト・モノ・カネを、地盤にしっかり打ちつけます。
【ステップ2】全従業員が8S（整理、整頓、清掃、清潔、躾、整備、安全（Safety）、節電・節水）を徹底して、土台を強固にします。
【ステップ3】スキルの方程式＝「目標×スキル×プロセス×やる気」を実践します。全従業員が目標（KPI）を持ち、スキルアップを実践し、プロセスを改善し続けます。そしてモチベーションとしてやる気の出る評価制度を構築します。
【ステップ4】顧客満足の3要素（Q：品質、C：原価、D：納期）という柱を立てます。
【ステップ5】知識を行動に変えることで、良質な商品・サービスを提供して顧客満足を獲得し続けます。
【ステップ6】顧客満足は企業利益をもたらし、その利益は、納税・配当・内部留保・決算賞与・再投資などの原資となります。
【ステップ7】継続的改善を繰り返します。

この7つのステップを実行し、成果を上げていくうえで鍵になるのがKPIテーマの設定です。ですから、KPIのテーマは、それ自体が単独で存在するものでなく、あくまでも、

●全社テーマ↓部門別・階層別テーマ↓個人別テーマ

というトップダウンで連動して設定されるものであり、そのうえで、

●個人別テーマ達成↓部門別・階層別テーマ達成↓全社テーマ達成

というボトムアップで結果が連動していく構造であることを、今一度確認して、部門そして個人のテーマを設定するようにしてください。

マネジメントの7ステップ

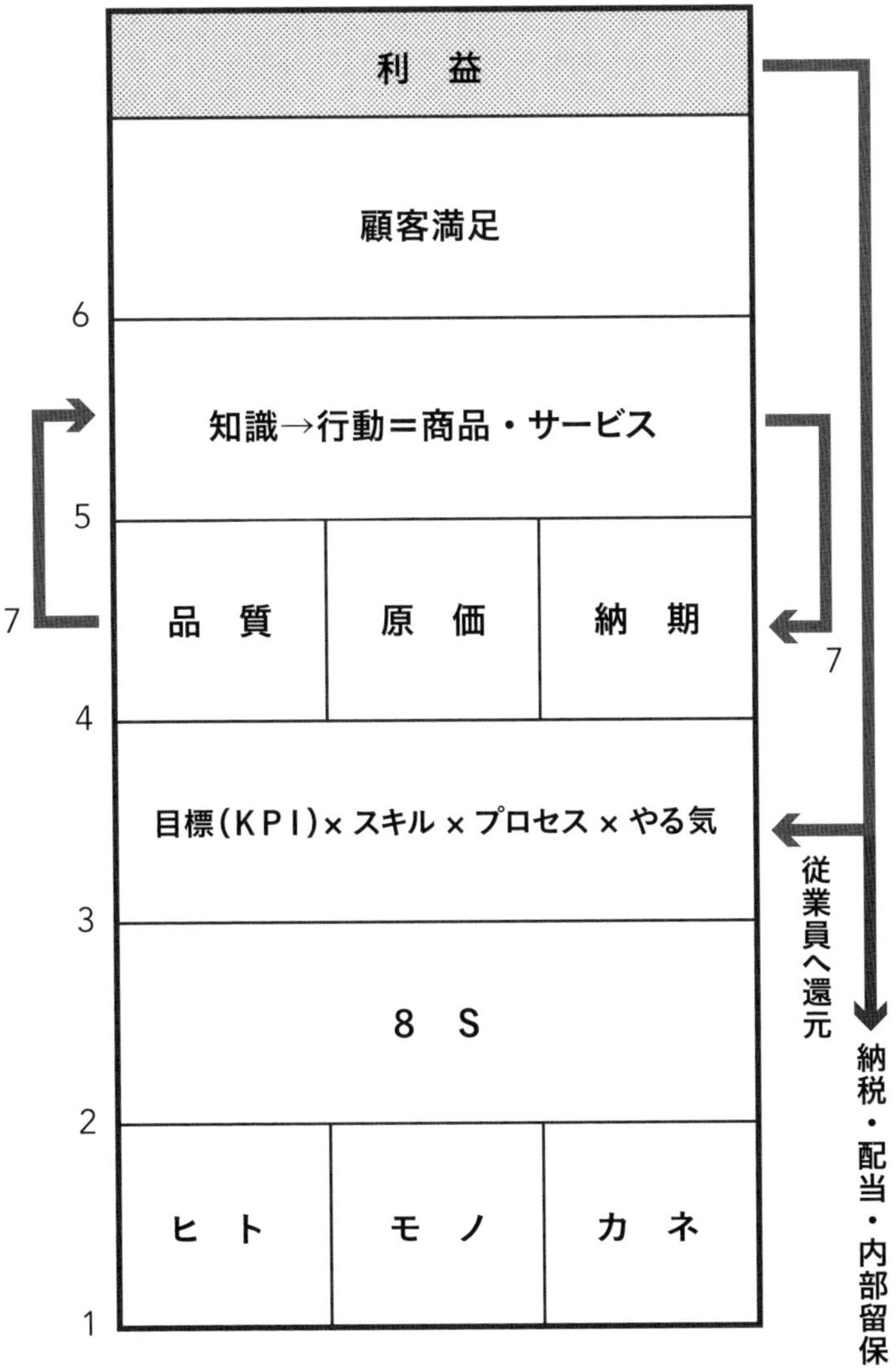

02 目的／手段、結果／原因を分けて考える

どちらか一方ではいけない

ＫＰＩテーマ設定のコツは、そのプロセス（活動）が、

●目的か手段か
●結果か原因か

を考えることが基本です。

１件の重大事故が発生すると、その29倍もの軽微な事故が発生しており（でも報告されていない）、３００件のヒヤリ・ハット（個人が感じても話題にもならない）があるとされます。

これは「ハインリッヒの法則」と呼ばれますが、「目的」を

労災事故（重大事故）：0件

とするならば「手段」として以下の活動が考えられます。

①労災事故（軽微事故）：○件以下（前年実績より減らす）
②5S・安全パトロール実施（サンプリングでのチェック）
③危険予知トレーニング実施（危険意識の共有化）
④ツールボックスミーティング実施（危険箇所の話し合い）
⑤ヒヤリハット件数の記録（ミーティングの結果）

ただし、手段ばかりKPIテーマに羅列しても、それは努力したという活動（原因）であって、肝心の結果、すなわち、**本来の目的を達したのか、そして、どのように管理会計と連動しているのかが抜けていては、効果測定ができません。**

目的に設定しやすいのは、例えば次のような「**金額**」**の目標値**です。

この場合の手段は、件数や活動です。

●目的

クレームによる損失金額○円以下（機会損失含む）

●手段

①クレーム件数半減（対前年比）：○件以下

②工程内不良発見件数（対前年比）：○件以下／以上

（これまで工程内不良をカウントしてない会社は、まず発見件数を増やすため〝以上〟）

③製品別検査基準の見直し（サンプリングか全数検査か）

④不良を出さないための工程分析（ＱＣポイント）の実施：○件以上

⑤不良を発見するための検査技術の向上研修会：○回以上

⑥不良を出さないためのスキルアップ教育・技能研修会：○Ｈ以上

次項以降では、各部門について、さまざまなテーマ例を挙げました。**【ミッション】を目的、【ルーティン】を手段**として、お読みください。

手段の目標か、目的の目標かを識別する

例）ハインリッヒの法則

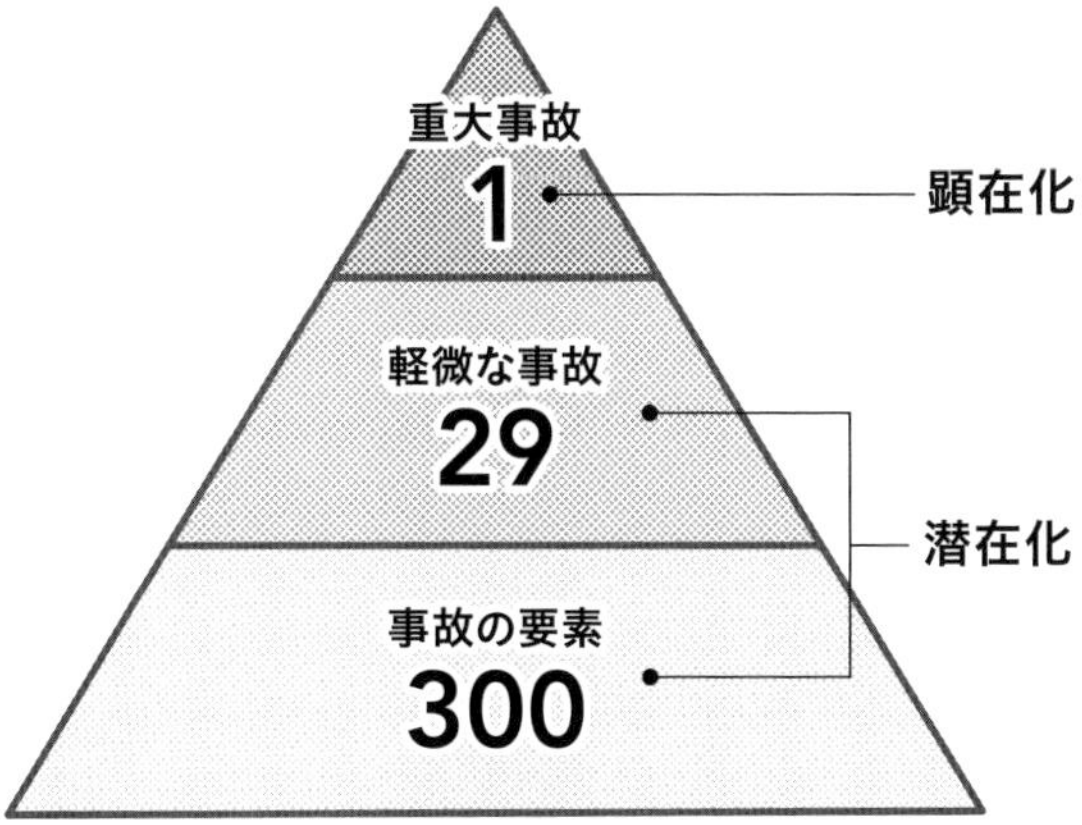

これをKPIテーマにする際、

①目的／結果／ミッション

②手段／原因／ルーティン

どちらかではなく、
それぞれのプロセス目標を
設定することがポイント。
しかも必ず計測可能な形で！

03 「直接部門」テーマ設定のポイント

「結果」だけを追求しない

直接部門のテーマ設定で苦労しているという話はあまり聞こえませんが、「結果とプロセス」は、密接に関連があることに注意すべきです。

例えば、営業部門において社長や営業部長が「結果がすべてである」と言い切ってしまうと、短期的な成績に満足する営業部員が出てきます。その結果、どうしてもプロセスがおざなりになり、「値引きして数量を稼ぐ」「与信管理はそっちのけで回収不能になった」「仕様変更が頻発する契約」などが発生します。しかも、たいていそのような社員は、会社に定着しません。

プロセスをきちんと定量化し、改善をきちんとテーマに組み込むことが企業の底力となり、文化となります。

04

「営業部門」テーマ設定のポイント

限界利益を念頭に置く

営業部門のミッションは、社内における直接部門として、何といっても**損益分岐点以上の受注を毎月平均的に確保すること**に他なりません。

ここで重要なことは売上思考ではなく、**限界利益思考**であることです。

企業業績を支えるのは売上ではありません。

売上は必要条件ですが、限界利益が十分条件なのです。

さらに、人件費の平均2倍以上の限界利益、さらに、直間比率（8：2）まで考慮すると**「1・25倍の限界利益＝2・5倍の付加価値（限界利益）」を稼ぐこと**が求められます。

しかしながら、社長が売上至上主義だと、そのノルマ達成のために、利益は度外視して、値引きしてでも数量で稼ぐ営業マンが出てくるかもしれません。

営業部門に求められるミッションは、常に限界利益思考であること、そして年間において月次単位でなるべくバラツキのない安定受注をすることです。

営業部門長のミッションは、現在の経営資源（スタッフ）を最大活用して、新規開拓と継続顧客を維持することにバランスよく注力する必要があります。

そのためには、営業部門でのプロセスを振り返ることが必要です。

ここで受注プロセスを考えましょう。

例えば、

「製品・サービス告知→引合→訪問→仕様打合せ→見積作成→受注→納品→検収→請求→回収」というプロセスであれば、受注までの工程に従って、定量化できるテーマと目標値を設定してみましょう。

ここでは、ミッション（目的）とルーティン（手段）とに分けて考えてみます。

ミッションは各企業によって、経営方針、営業戦略、営業戦術から見た要求事項であり、管理会計に直結する内容です。

なお、営業戦略と営業戦術の違いですが、戦略が、経営資源を変えて取り組むべきことです。例えば営業所の新設、既存営業所の統廃合とか、営業人員の大幅増などが戦略です。

他方、戦術とは、経営資源を変えないで管理方法を変えることです。営業担当のチーム編成を変更したり、顧客別ＡＢＣ分析により、訪問回数・方法を変化させるなどです。


ルーティンは、通常業務の中で、定量化して取り組むべきものです。


テーマと目標値の例は１１９・１２１ページのとおりです。

このとき「展示会を年間２回やる」といったテーマ設定してしまうと、参加することに意義があるとばかりに、イベントテーマ（日程計画に従っての進捗管理）になってしまいます。

そうすると「計画↓準備↓会場手配↓試作品作成↓パンフの準備↓招待客リストアップ↓当日搬出」に日付をいれたアクションプランができたか、できないかとなってしまいます。

あくまで、来店者数、アポイント件数、商談件数、継続フォロー件数などをテーマにすべきです。

ポイントとなるテーマについて、解説をしていきましょう。

□**受注残管理**

受注残とは、製造業などにおいて、**受注をもらったが、まだ未着手、仕掛状態、完成はしたが納品・出荷されていない製品分の売価金額**を言います。

設計開発型の業種でリードタイムが平均1・5カ月（2カ月未満で製品が完成する）としたら、工場の稼働率を下げないためには、受注残はどの月においても、最低で2カ月以上に設定する必要があります。

□**受注の平準化**

平均月商1000万円の製造業で、ある営業マンが新規顧客を開拓して、5000万円の大型受注をしたとします。

営業担当は誇らしげですが、経理担当は慌ててしまうでしょう。変動費率を50％としても、この受注を受けるために、通常よりも「4000万円×50％＝2000万円」も多くの資金を調達する必要があります。これを**運転資金**と言います。

運転資金の使いみちは、先行して原材料・部品の購入、協力会社への部品製作の支払などです。受注してから完成まで時間がかかるうえ、納品・検収を考えると、回収（現金化）まで、

営業部門のテーマ設定例①

●ミッション

- ☑ **受注金額**：○円以上／月別
- ☑ **売上金額**：○円以上／月別
- ☑ **受注残＊**：○カ月、○円以上／月別・移動平均
- ☑ **受注の平準化率（ばらつき）＊**：±○％以内／ 12カ月
- ☑ **失注分析会議（毎月または四半期での実施回数）＊**：○件以上
- ☑ **交叉率の最大化（**：現状→目標）＊：○％
- ☑ **顧客別シェア（ランク別占有率）**：○％以上
- ☑ **市場占有率（現在→目標）**：○％
- ☑ **売上原価率（営業扱い）**：○％以下／１個あたり
- ☑ **検収合格率（締め日を考慮して）**：○％以上／月別
- ☑ **売掛金回収率（金額別など）**：○％以上／四半期

下手をすると半年近くかかるケースもざらです。

仕入代金や協力会社への支払を遅らせるわけにはいきません。運転資金は立替資金です。借入金ならば当然金利も発生します。

生産部門も、通常品の生産に加えて、いきなり大型案件が飛び込んでくると混乱します。

小さな水槽で金魚を数匹飼っているところに、いきなり巨大な錦鯉を入れたら、水があふれて金魚たちは、外に流されてしまいます。**製造部門や経理担当者にとって、何よりもありがたいのは、ばらつきではなく、毎月平均的な受注・売上なのです。**

□**失注分析会議**

営業会議において、成功事例を研究することはもちろん大切ですが、やはり**受注に至らなかった案件**をより検討すべきです。**QCD（Quality=品質、Cost=費用、Delivery=引き渡し）のどれで負けたのか、何回アプローチしたのか、積算はどうだったのか、ライバルはなぜ受注できたのか**などを検討してください。

□**交叉率**

交叉率とは「粗利益×販売数量」です。限られた売り場スペースあるいは生産能力、仕入

営業部門のテーマ設定例②

● ルーティン

- ☑ **Webページの新製品の更新回数・更新頻度**：○回以上／月間
- ☑ **展示会でのアポ件数・名刺交換数**：○件以上／ 1展示会
- ☑ **新規顧客へのアプローチ件数**：○件以上／月別
- ☑ **既存顧客への訪問件数(顧客重要度ABC管理別)＊**：○件以上
- ☑ **訪問から商談に結びついた成功件数**：商談件数／訪問件数以上
- ☑ **当社製品認知度**：○％以上／対象ターゲット
- ☑ **ホームページの閲覧数**：PV以上／月
- ☑ **ホームページからの問い合わせ件数**：件以上／月
- ☑ **見積作成件数(金額別、新規・既存別)**：○件以上／月別
- ☑ **見積回答日数(スピードアップ)＊**：○日以内／月別
- ☑ **見積→受注決定率**：○％以上／月別
- ☑ **受注件数**：○件以上／月別
- ☑ **納期遅延件数(現場と一体、前年対比)**：○件以下／月別
- ☑ **納期遅延率(同上**：前年対比)：○％以下／年間
- ☑ **営業日報提出率＊**：100％／日
- ☑ **5Sパトロール実施件数**：○件以上／年
- ☑ **5Sパトロール評価点**：○％以上／月
- ☑ **部門予算達成率**：○％以上

予算の中で、粗利益を最大化するためには、この**交叉率の高い商品の品切れを防ぐ**べきです。

□既存顧客への訪問件数

顧客名を横軸、平均売上高を縦軸として、順に並べると、たいていの会社は上位20位が売上全体の70〜80%を占めるということがよくあります。これは「2：8の法則」とか「パレートの法則」とかと呼ばれますが、実際にあてはまるケースがほとんどです。

そこでこれを、もう少し細かく**「2：6：2」に分け、ABCランクに読み替えて訪問をすると**、より成果につながりやすくなります。

Aランクは最重要顧客であり、維持するために、担当を2人体制にして対応を厚くし、営業部門長が2週間に1回は同行する。BランクはAランクに引き上げるために、営業が少なくとも毎週訪問するなどといった具合です。

限られた経営資源（ヒト、時間）を有効活用して、最大限の顧客満足を得ることを考えましょう。

□見積回答日数

現在、QCDのうち、Qの品質と、Cのコストについては、すでにギリギリのところまで、追求されている状況です。多品種小ロット化、新製品開発スピードの短縮化が進むなかで、**D**

顧客別ABCランク分け

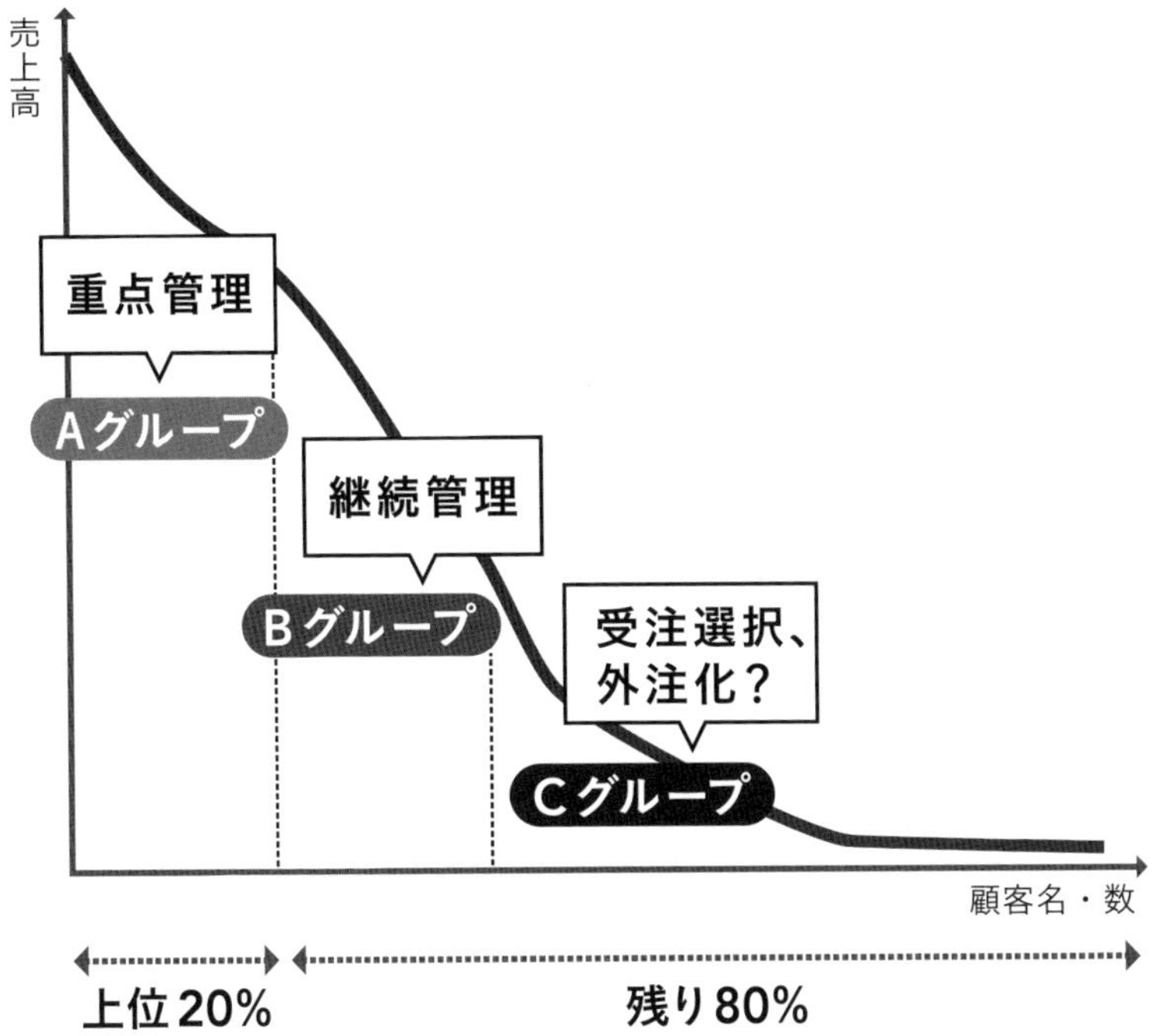

の引き渡し、すなわち納期やスピードが最重要視される傾向が強まっています。

したがって、**客先から打診があったら、即積算・見積回答をするというのは有力な付加価値**です。その際にも限界利益思考で動きましょう。稼働率が低いとき、付加価値をいくらかでも稼ぐことができれば、内部コスト（固定費）は無視して、損益よりもキャッシュフローを優先させるほうが有利な場合があります。

□営業日報提出率

営業日報を書くことによって、**付加価値を生まない時間を発見でき、客先別にどれくらい時間を割いているかの分析ができます。**

「日報はサラリーマンの納品書」です。これらを集計して、外出時間が長いのに、客先との面談時間割合が少ない営業マンは、スケジュール管理に問題があるか、よほど効率が悪いかです。

営業が付加価値を生んでいる時間は、客先との打合せ・商談時間であることを認識しましょう。

05 「製造部門」テーマ設定のポイント

QCDを達成できるテーマ設定を

製造部門のミッションは、企業の付加価値を生み出すために、**仕様どおりの製品の必要量を「速く・安く・楽に・安全に」つくること**です。

生産計画は、計画、手配、進捗が柱です。生産管理の要素である品質管理、原価管理、納期（工程）管理のプロセスは、定量化しやすいものばかりです。生産の三要素（QCD）が達成できるように、テーマ設定をしましょう。

その際、**各工程（プロセス）ごとに、部分最適に陥らず、全体最適を目指せるようなテーマも忘れずに入れる**ようにしてください。

□**製造原価率と限界利益率**

この2つの指標はとても重要です。

製造原価は財務会計の指標で、**1つの製品の「材料費・外注費・労務費・経費」を集計したもの**で、限界利益率は管理会計で、**売価から変動費を引いたもの**です。

製造原価には、固定費たる労務費と経費が含まれています。内部コストが含まれていると考えると、値引き判断や受注可否、外注化の要否などの判定ができ、キャッシュフロー経営を推進することができます。

□**非付加価値時間**

非付加価値時間とは、文字どおり**付加価値を生んでいない時間**のことです。これも日報をもとに集計します。非付加価値時間は、生産管理上は、**会議・打合せ、5S活動時間、アイドリング時間**などです。

なお、日報フォームの設計上のポイントは、あまり細かく行動内容を決めないことです。日報を書くことは基本的に付加価値を生まないため、**極力簡略化することが継続のコツ**です。

製造部門のテーマ設定例①

● ミッション

- ☑ **生産高**：○円／月別
- ☑ **製造原価率（製品別）＊**：○％以上／年
- ☑ **限界利益率（製品別）＊**：○％以上／年
- ☑ **材料・部品仕入率**：○％以下
- ☑ **外注費率**：○％以下
- ☑ **製造人員（派遣含む平均値）**：○名以下／四半期計画
- ☑ **生産量**：○（単位）／製品別
- ☑ **客先納期遵守率**：○％／年
- ☑ **歩留率**：○％以下／製品別
- ☑ **ロス率**：○％以下／製品別
- ☑ **ラインバランス効率**：○％以上／ライン別
- ☑ **標準時間（ST）短縮（段取り改善）**：○件以上／年
- ☑ **非付加価値時間＊**：○時間以下／年
- ☑ **人員稼働率**：○％以上／職場別
- ☑ **機械稼働率**：○％以上／月別
- ☑ **機械不稼働時間**：○時間以下／月
- ☑ **機械故障停止時間**：○時間以下／月
- ☑ **リードタイム短縮**：○日以上／製品別

製造部門のテーマ設定例②

●ルーティン

- ☑ **製品不良率**：○％以下／年
- ☑ **不良損失金額**：○円以下／年
- ☑ **製造納期遵守率**：○％以上
- ☑ **納期遅れ件数**：○件以下／年
- ☑ **クレーム件数(ランク別)**：○件以下／年
- ☑ **クレーム金額**：○円以下／年
- ☑ **クレーム対応日数**：○日以内／平均
- ☑ **内部ミス発生件数**：○件以下／年
- ☑ **内部ミス損失金額**：○円以下／年
- ☑ **棚卸金額(製品、仕掛品、材料別)**：○円以下／月別
- ☑ **水道光熱費削減**：○％／生産量
- ☑ **5Sパトロール実施件数**：○件以上／年
- ☑ **5Sパトロール評価点**：○％以上／月
- ☑ **TMB（ツールボックスミーティング)実施件数**：○回／月
- ☑ **ヒヤリハットカウント**：毎月集計
- ☑ **手順書・QC工程表(作成・見直し)**：○件以上／月別
- ☑ **教育訓練実施率**：対計画○％以上／半期
- ☑ **部門予算達成率**：○％以上

06

「間接部門」テーマ設定のポイント

成果を数値化したテーマ設定を

とかく間接部門のテーマ設定というと、イベントテーマ（アクションプラン）の達成度合いとなりがちです。

ですが、必ず**期待成果を、数値化して織り込む**必要があります。

●給与計算目標「納期を守る。ミスはゼロ」

これでは、他部署から「そんなことは当たり前ではないか」と批判が出てしまいます。

「**給与計算コストを○時間以内とする**」など、コスト目標を取り入れるとよいでしょう。

また、他部署からの要求テーマも、必要によって取り入れましょう。

●各部署の増員要求に応えるテーマ（製造部門では中途採用テーマにおいて、溶接経験者3名、新卒2名など）

目標値100％：達成率は要求5名中、3名達成で60％など

間接部門については、企業によって部門名称と職務内容が交錯していることもあるため、次項以降のサンプルを見て、部門名にかかわりなく、必要なものをピックアップしてください。

そもそも、間接部門の役割は何かを考えてみましょう。

それは、**直接部門へのサービス提供による支援業務**です。そのため、各部門に要求するテーマが多くなることもあります。社内でよく議論して決めていく必要があります。

間接部門のテーマ設定のポイント

①期待する成果を数値化する

②コスト目標を入れる

③他部署からの要求を入れる

↓

直接部門の支援につながることを前提に設定する

07

「人事部門」テーマ設定のポイント

リスク管理のテーマも設定する

人事部のミッションとはなんでしょうか。人的資源のアウトプットを最大化するため、優秀なメンバーの確保と教育でしょうか。実は、人事部門と言っても企業規模によって、その業務範囲はかなり異なります。

□労働生産性アップ

人事部の経営への貢献は、**ヒトのモチベーションをあげること**です。1人あたりの付加価値を最大化できるように指標化して、直接部門への働きかけができるような部署になることが戦略的人事部への第一歩です。

人事部門のテーマ設定例①

● ミッション

- ☑ 社員定着率（年度別）：○％以上
- ☑ 労働生産性アップ（現状→目標）＊：○万円以上／年度別
- ☑ 人件費投資効率（限界利益÷人件費）＊：○％以上
- ☑ 平均年収額（職種別、階層別、部門別）：○万円以上／年
- ☑ 総人件費（月別）：○円以下／月別
- ☑ ○年以内離職率：○％以下／年
- ☑ 自己都合退職件数：○件以下／年
- ☑ 適正人員補充率（職種ごと）：○％以下
- ☑ キャリアアップ率（スキル評価：A以上、B以上、D以下それぞれ）○％／年
- ☑ 社員査定評価（ランク別）：○点以上／半期ごと
- ☑ ジョブローテーション（対計画）実施率：○％
- ☑ 社員教育研修（部門ごと）：○時間以上／半年
- ☑ 社員派遣外部研修（階層別）：○時間以上／半年
- ☑ 人員採用コスト：○円以内／年
- ☑ 総人員数（現在→○年後、直接：間接）：○人／年
- ☑ 有資格者増加（資格別）：○件・○名／年

□人件費投資効率

最低200%を目標にしましょう。そのための活動テーマを各部署への要求テーマとします。

□健康経営充足率

企業にとって、**社員の健康問題は深刻なリスク要因**です。長時間残業や過剰なストレスなどが原因で、管理職や稼げる社員が突然倒れたら大変な損失です。本人及び家族にとっても大変なリスクです。またそれをフォローするための仕組みづくりも重要となります。

また、見かけ上の健康だけでなく、どの企業にでも心の病を抱えている社員がいるようです。カウンセリングも大切ですし、物理的に健康診断受診を促すために、自己都合で受けない社員へのボーナスを減らすなど、半強制的にでも、未病のリスクを低減させることが会社経営にとっても重要なことではないでしょうか。

□ハイリスクアプローチ

健康診断結果判定で、リスクありと判断されたら、病院での診察を積極的に勧め、早期発見・早期治療を促す活動です。企業の健康保険組合においても、医療費の会社負担の増大がその財政圧迫原因となっていることもあり、推進を図りたい項目です。

人事部門のテーマ設定例②

● リスク管理

- ☑ **健康経営充足率**(社員健康評価：年代別)＊：○％以上／年
- ☑ **ハイリスクアプローチ件数(率)**：○件(○％)以上／年
- ☑ **健康診断受診率**：○％以上／年
- ☑ **メンタルヘルスチェック(評価)**：○％以上／年
- ☑ **傷病による社員休暇日数**：○日以下／年
- ☑ **労災事故(重大＝人命に関わる死傷病)**：0件／年
- ☑ **労働争議件数**：○件以下
- ☑ **始末書受理枚数(前年比)**：○件以下／年
- ☑ **懲戒件数**(処分別：対前年比)：○件以下／年
- ☑ **解雇件数**：○件以下／年

● ルーティン

- ☑ **勤怠集計・給与計算総投入工数**：○時間以内／月
- ☑ **勤怠集計・給与計算コスト(一人当たり)**：○円以下
- ☑ **給与計算ミス(納期遅延、金額ミス防止)**：○件以下／毎月・賞与・決算賞与
- ☑ **新規採用スケジュール(対計画進捗率)**：○％以上
- ☑ **カウンセリング件数(部門別)**：○件以上／年
- ☑ **営業所訪問・面談件数(対計画)**：○件以上／年
- ☑ **雇用・社会保険手続き、年度更新・算定など実施率(ミス、納期)**：○%以上
- ☑ **人事評価(対計画、日程遵守率)**：○％以上
- ☑ **新卒採用(予定人員)**：○名／採用時期
- ☑ **5Sパトロール実施件数**：○件以上／年
- ☑ **5Sパトロール評価点**：○％以上／月
- ☑ **職場内研修の実施**：○回以上／年
- ☑ **部門予算達成率**：○％／年

08

「法務・総務・財務・経理部門」テーマ設定のポイント

スタッフの教育訓練テーマは必須

総務などいわゆる間接部門は、自ら売上を上げる活動をする代わりに、直接部門が安心して職務遂行できるような環境を確保し、その業務活動を支援するために存在しています。部門別損益計算において、間接部門は付加価値を生まないという考えもありますが、本当にそうでしょうか。

世の中には、経理や決算・申告を代行する「会計事務所」、融資など銀行対策を代行する「財務・金融コンサルタント」、あるいは、法律トラブルの防止と紛争解決のための「法律事務所」、給与計算や監督署・職安・年金事務所などの従業員関係の書類提出を代行する「社労士事務所」などが存在しています。

これらの専門家には当然報酬が発生します。**社内の間接部門は、少なくともこれらのアウトソーシング企業に対する対価分以上の付加価値を稼がないと、存在意義が問われてしまいます。**そのために**適正人員を常に見極める**必要性があるでしょう。

また、部門の性質上、ミスゼロが当たり前であるため、0か100%かという目標値を設定しがちですが、「ハインリッヒの法則」に基づいて、「ミス＝0」ではなく、**「重大・軽微・ミスではないが手直しに30分以上費やしたもの」「ヒヤリハット件数」や「自主確認項目」など、「氷山の下」を表現できるように、掘り下げてみてください。**

さらに、個人的な事務作業が多いので、部門テーマとして、全員で業務の洗い出しをして、必要なフローチャートやマニュアルを作成して標準化し、複数のスタッフが同一業務をこなせるような**教育訓練テーマは、必ず入れる**ようにしましょう。

● ルーティン

- ☑ 株主総会対策(対計画):○%以上
- ☑ NDA締結率:○%以上/引合件数
- ☑ 契約文書締結率:○%以下/受注件数
- ☑ 管理会計部門報告(四半期、半期、年間):○%
- ☑ 標準原価計算(原価管理カード)更新:○件以上/月
- ☑ 月次部門損益計算報告(翌月○日まで):○%以上
- ☑ 銀行融資枠の拡大(現在→目標):○円/年
- ☑ 新規調達先開拓:○件/年
- ☑ 受取・支払手形削減(現在→目標):○件/月
- ☑ 売掛金回転率:○日以内/年
- ☑ 経常収支比率:○%以上/月別
- ☑ 固定資産管理(所有→リース化):○件以上/年
- ☑ 年次・月次予算管理徹底(各部門):○%
- ☑ 製造原価率(現在→目標):○%/年
- ☑ 売上原価率(現在→目標):○%/年
- ☑ 棚卸ミス:○円以内/年
- ☑ 労災事故無災害記録更新:○日
- ☑ 工場内安全管理実施率(パトロール計画):○%
- ☑ 月次試算表作成(翌月○日まで):○%以上
- ☑ 決算書・法人税申告書作成・提出(納期厳守):○%
- ☑ 決算賞与計算(決算後):○日以内
- ☑ 源泉納付(納期どおり、ミス):○%、0件以下
- ☑ 法定調書など提出(納期どおり、ミス):○%、0件以下
- ☑ 小口現金処理(納期どおり、ミス、違算):○%、0件以下、○%以下
- ☑ 支払ミスなし:○件以下
- ☑ 出張報告書集計(ミスなく納期どおり):○%以上/年
- ☑ 5Sパトロール実施件数:○件以上/年
- ☑ 5Sパトロール評価点:○%以上/月
- ☑ 業務マニュアル作成:○件以上/年・四半期
- ☑ 職場内研修の実施:○回以上/年
- ☑ 部門予算達成率:○%

法務・総務・財務・経理部門のテーマ設定例

●ミッション

- ✓ 自己資本比率(現在→目標)：○％以上
- ✓ ROE：○％／年
- ✓ 配当性向：○％以上／年
- ✓ IR対応(対計画)：○％以上
- ✓ 損益分岐点売上高(現在→目標)：○円／年間
- ✓ 変動費率削減(現在→目標)：○％
- ✓ 限界利益率向上(現在→目標)：○％
- ✓ 実質無借金経営(流動資産ー負債総額)：○円／年度単位
- ✓ 有利子負債残高(現状→目標)：○円以下／年

●リスク管理

- ✓ BCP (Business Continuas Planninng) 計画立案実施率(対計画)：○％以上
- ✓ 特許・実用新案取得：○件以上／年
- ✓ 各種法令違反(対前年)：○件以内
- ✓ 機密漏洩事故：0件／年
- ✓ 訴訟件数(原告)：○件以下／年
- ✓ 訴訟件数(被告)：○件以下／年
- ✓ 交通事故防止(対前年比)：○件以下／年
- ✓ 工場火災：0件／年
- ✓ 労災事故(軽微＝物損事故：前年比50％減)：○件以下／年
- ✓ ヒヤリハット発見・報告件数(前年比50％以下)：○件以下／年
- ✓ 資金調達・資金繰(資金ショートゼロ)：○％／月別
- ✓ 在庫水準適正化(期末金額)：年商の○カ月分／期末
- ✓ 在庫回転率(現在→目標)：○日以内
- ✓ 在庫廃棄損失：○円以内／決算日
- ✓ 貸倒件数・率：○件以下、○円以下／年
- ✓ 支払利息削減(年間)：○円以下／年
- ✓ 全社不適合発生数：○件以下／年
- ✓ コストダウン金額：○円以上／年

09

「研究開発部門」テーマ設定のポイント

ミッションはマーケティングとイノベーション

研究開発部門の使命は、**マーケティングとイノベーションを常に意識した商品開発・サービス開発を通して、付加価値を稼ぐこと**です。

マーケティングは**顧客ニーズを探り商品化するもの**。イノベーションは**市場自体を創造すること**です。

商品化するまでに時間のかかるものもありますが、他社との差別化を通して顧客満足を追求することが求められています。また、製品のライフサイクルが短縮化している現代では莫大なコストを掛けずに、ライフサイクルを少しでも延ばせるように、高付加価値戦略、市場浸透戦略などを駆使することも重要です。

研究開発部門のテーマ設定例

●ミッション

- ☑新商品の売上高(リリース後○年以内)：○円以上／○年
- ☑新商品の獲得限界利益(リリース後○年以内)＊：○円以上／年
- ☑新商品開発の期間短縮(現在→目標)：○カ月以内／年
- ☑新商品の市場占有率：○％以上
- ☑開発商品原価率：○％以下／１商品
- ☑商品ライフサイクル期間延長(現在平均→目標)：○カ月以上
- ☑VA・VEによる年間コストダウン金額：○円以上／年

●ルーティン

- ☑開発件数：○件／年
- ☑市場調査予算厳守：○円以下／年
- ☑廃盤管理(見直し件数)：件以上／年
- ☑VA・VE検討件数：○件以上／年
- ☑デザインレビュー実施率：○％以上
- ☑5Sパトロール実施件数：○件以上／年
- ☑5Sパトロール評価点：○％以上／月
- ☑部門予算達成率：○％

最初に高付加価値でリリースして、その間にＶＡ（Value Analysis＝価値分析）やＶＥ（Value Enjineering＝価値工学）を実施して、同機能で価格を一早く下げて差別化を図るというのが、その一例です。

□新商品の獲得限界利益

新商品開発には多大な時間がかかりあます。**経費はもちろん、消費した人件費総額も研究開発費**となります。では、その開発費はどこから回収するのか。もちろん、リリースした新商品の限界利益からです。

この目標設定をしないと、他部署から不満が出る可能性があります。望ましいのは**開発期間と同程度の回収期間目標を設定**すべきでしょう。

最近では、開発に3年かかった製品が、リリース後ピークを迎えて、3年後にはライバル等の出現もあって衰退するといった、製品のライフサイクルが短縮化しています。そのような状況も踏まえて設定してください。

10
「設計部門」テーマ設定のポイント

事前準備と成果は比例する

設計部門では、営業と緊密な連携をとり、**上流工程として、顧客ニーズや仕様をしっかりと受け止めて、デザインすること、出図日程納期を守ること、後工程の製造歩留を高める工程設計を行うこと**までが求められています。**既存製品のコストの見直し（材料費、加工費）**なども期待される役割のひとつです。

経済設計も求められます。材料の規格品を意識した材料歩留の向上、生産設備の仕様を理解した製造歩留の向上、安定性・効率性を考慮した工程設計などです。デザインにこだわりすぎると生産効率が落ちる可能性もあります。

事前準備と成果の関係

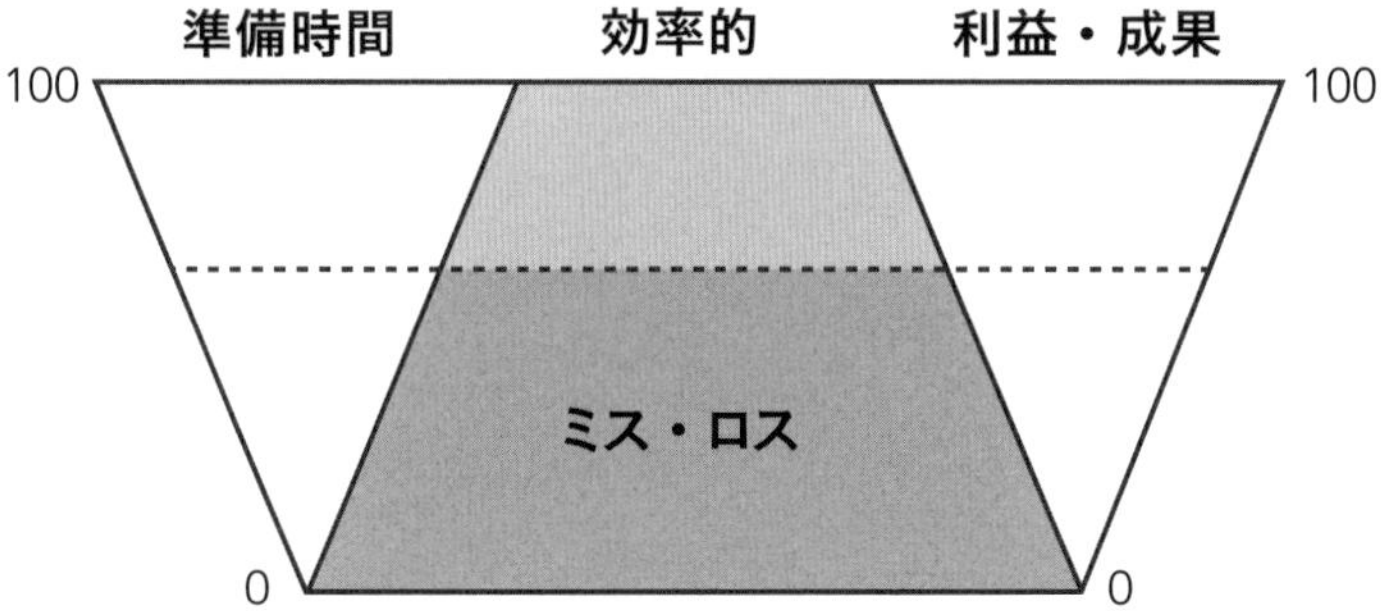

また、工程が多いとミスをする可能性が増えるリスクがありますが、品質面では有利な場合もあります。**検査の効率性・工数**も配慮しましょう。工程設計においては、製造部門や検査部門とよく協議して、全体最適を目指すことが重要です。

営業と同行して客先との仕様打ち合わせに参加することも重要な活動です。事前に要求事項をきちんと整理しておかないと、後で変更や手直しが頻発してコストアップと納期遅延の原因となります。事前準備と成果との因果関係は上図のとおりです。適当な打ち合わせで見切り発車すると、生産期間も生産時間も増え、利益が少なくなります。一方、事前準備をしっかりすると、結果的に成果（利益）も大きくなります。

設計部門のテーマ設定例

● ミッション

- ☑ **設計工数遵守(対積算)**：○％以上
- ☑ **設計による製造原価コストダウン**：○円以上
- ☑ **設計ミスによる後工程に与えた損失工数**：○H以内／年
- ☑ **設計ミスによるクレーム件数**：○件以下
- ☑ **図面あたりコスト**：○円以下／年
- ☑ **VE・VA実施件数**：○件以上／年
- ☑ **VE・VA実施によるコストダウン金額**：○円以上／年

● ルーティン

- ☑ **リピート品の原価低減**：○％以上
- ☑ **デザインレビュー実施率**：○％以上
- ☑ **出図納期遵守率(対計画)**：○％以上／全物件
- ☑ **積算ミス**：○件以内／年
- ☑ **営業支援時間**：○H以上／月別
- ☑ **営業同行回数**：○回以上／月別
- ☑ **5Sパトロール実施件数**：○件以上／年
- ☑ **5Sパトロール評価点**：○％以上／月
- ☑ **CAD ／プログラミング研修の実施**：○回以上／半年
- ☑ **部門予算達成率**：○％以上教育訓練実施：○％／年

11 「購買部門」テーマ設定のポイント

コスト管理の要の部門

企業の二大コストは仕入と人件費です。その仕入をつかさどる「購買部門」は**外部調達機能として、正しい資材・材料・部品をより安く、良いものを買うこと、並びにリードタイムの短縮、在庫管理、さらにＱＣＤに優れた協力会社の評価・選定、品質保証及び技術教育**という多くの側面を持っています。

製造業の変動費率は、30～50％程度と、多くの原価がかかっています。

年商10億円の企業で、変動費率50％であれば、なんと5億円もの買い物をしていることになります。

購買部門のテーマ設定例

●ミッション

- ☑ **変動費予算(売上が増えれば上方修正)**：〇円／月別
- ☑ **変動費率(材料費・部品費・外注費)**：〇％以下／費目別
- ☑ **コストダウン金額**：〇円、〇％／年間
- ☑ **協力会社開拓(工程別)**：〇件以上／年
- ☑ **外作品クレームによる損失**：〇円以下／年
- ☑ **在庫廃棄金額**：〇円以下／決算日
- ☑ **在庫品回転率**：〇日以内／年
- ☑ **リードタイム(調達期間)の短縮(現在→目標)**：〇日以内／部材別

●ルーティン

- ☑ **外作品のミス・クレーム件数**：〇件以下／年間
- ☑ **協力会社技術指導**：〇件以上／年
- ☑ **二社購買・合見積の実施**：〇％以上
- ☑ **購買品在庫管理(品目別)**：〇円以下／月別
- ☑ **生産会議出席**：〇回以上／月
- ☑ **バイヤースキルアップ研修実施**：〇回以上／年
- ☑ **5Sパトロール実施件数**：〇件以上／年
- ☑ **5Sパトロール評価点**：〇％以上／月
- ☑ **部門予算達成率**：〇％以上

この変動費率をもし2％（ポイント）でも削減することができれば、1000万円もの限界利益が増えます。購買部門は生産のコントロールタワー（指令搭）としてまさにコスト管理の要なのです。バイヤーとしてのプライドを持って、全体最適を目指すとともに、コストダウンを常に意識することが求められています。

この変動費の削減で、複数の購買先で価格を競わせる方法は、取引開始直後ならまだしも、限界があります。仕入金額や外注費の削減において、価格競争は限度があるのです。

計画購買として内示を出す。適正量の発注、不要在庫の削減などによって削減を図っていくことなどが、大切です。

在庫目標（安全在庫）を持ちそれを管理すること。発注方式においても、**定量発注、定期発注を活用して、回転率を高めること。**協力会社（外注）の技術指導やSCM（サプライチェーンマネジメント）により、**相手方の効率を考えて互恵関係を築くこと**です。

在庫品は、**製品在庫、仕掛品在庫、原材料在庫と区分別に識別する**のはもちろんのこと、**先入先出しの徹底**によって陳腐化を防いだり、**滞留在庫の早期現金化**を促し、処分できなければ早めに廃棄して**損切り（節税）**することを経営層に提案することなどが求められます。

12

「品質管理・品質保証部門」テーマ設定のポイント

4つのコストを削減する

品質管理や品質保証がきちんと機能していないと、不適合品が出荷され、そのクレーム対応やリコール対応など、大きな損失リスクとなり、企業の信用問題にかかわります。

品質管理とは、**生産現場主体で不良を減らすボトムアップの活動で、安全な製品を顧客に提供すること**が目的です。

一方、品質保証は、**トップダウンで対外的に品質保証体制の宣言をして、安全な製品を提供する仕組みづくりによって、顧客に安心を与える活動**という点に特徴があります。

すなわち品質保証活動は全員・全部署参加が大原則です。

ＩＳＯ９００１の認証企業の品質保証では、管理責任者が出荷停止権限を持つ必要があります。営業部門の責任者が務めることもできます。納期に追われて仕方なく出荷するようでは本来の品質保証とは言えません。経営層はこのことを理解し、人員配置を行う必要があります。

品質管理は検査だけをするのではなく、**製品別・工程別・現象別・原因別の不適合データや図面公差などのデータを収集し、統計的手法などを使って分析し、各現場に提供して、改善を促す**役割が期待されています。

品質保証では次の４つのコストを基本にして活動を考えます。

①外部失敗損失（クレーム）
②内部失敗損失（工程内不良）
③評価コスト（検査コスト）
④教育訓練コスト（不良自体を出さない訓練）

この４つのコストを削減する活動そのものが、ＫＰＩのテーマになります。

とくに内部失敗損失を人件費まで含めて記録して定量化しないと啓蒙活動になりません。人件費は「１秒＝１円」で計算をします。

品質管理・品質保証部門のテーマ設定例

●ミッション

☑ クレーム件数（重大、軽微別）：○件以下／年

☑ クレームによる損失金額：○円以下／年

☑ 不良金額削減（製品別）：○円以下／年

☑ 検査工程の工数削減：○H以下

●ルーティン

☑ 工程内不良発見件数：○件以上・以下／年

☑ 不良率削減（製品別）：○％以下／年

☑ QC工程表・手順書作成・見直し：○件以上／年

☑ 検査チェックリスト作成・見直し：○件以上／年

☑ 工程見直し件数：○件以上／年

☑ ISO教育・指導件数：○日以上

☑ 検査技術のスキルアップ：○％以上／半年

☑ 5Sパトロール実施件数：○件以上／年

☑ 5Sパトロール評価点：○％以上／月

☑ 部門予算達成率：○％以上

13

「生産技術部門」テーマ設定のポイント

生産現場の支援につながるテーマ設定を

生産技術は単なる工場の便利屋さんではありません。間接部門として**生産現場が効率良く、安心して活動できるような技術を提供する**必要があります。

また購買部門と協力した外注指導などのように、その守備範囲は広いので、コストを考慮した活動が期待されます。

ここでおすすめの方法は、仕事のつど、社内の各部門に請求書を出すことです。レートは1秒＝1円でもよいのですが、金型修理について所要時間（1時間＝3600円）分の納品書、メンテナンスに要した時間を社内請求することで、メンバーのモチベーションを高めることができます。

生産技術部門のテーマ設定例

●ミッション

- ☑ **設備改修によるコストダウン金額**：○円以上
- ☑ **廃棄物削減**：○円以上／年
- ☑ **新規設備導入によるコストダウン金額**：○円以上
- ☑ **機械停止時間**：○H以下

●ルーティン

- ☑ **PM（Pre Maintenance）実施率（対計画）**：○％以上
- ☑ **設備投資評価**：○％以上
- ☑ **金型など修理要求対応日数**：○日以内／1件
- ☑ **部門予算達成率**：○％以上
- ☑ **機械故障件数**：○件以下
- ☑ **部門内スキルアップ研修の実施**：○回以上／年
- ☑ **5Sパトロール実施件数**：○件以上／年
- ☑ **5Sパトロール評価点**：○％以上／月
- ☑ **部門予算達成率**：○％以上

14

「生産管理部門」テーマ設定のポイント

品質、原価、工程を管理する

生産管理部門は、品質管理、原価管理、工程管理の中心的存在です。

個別原価の計画と実績原価の集計、工場内を仕掛品がスムーズに流れるような現場パトロールが必要で、常に納期遅れ、品質不良に目を光らせる必要があります。

改善活動を促すために、**個別原価計算、ライン別損益、ラインバランス測定**など、定量的にデータを測定し、情報提供するミッションがあります。

工程管理におけるポイントは、何と言っても「ボトルネック」の発見と解消です。ボトルネック工程をつかむことにより、他部署からの増員や設備投資の検討により、ラインバランス効率を改善することが、リードタイムの短縮につながります。

生産管理部門のテーマ設定例

●ミッション

- ☑ **生産高**：○円／月別
- ☑ **クレーム損失金額削減**：○円以下／年
- ☑ **工程内不良損失削減**：○円以下／年
- ☑ **生産性の向上(生産高／人件費)**：○％以上
- ☑ **工場稼働率の確保**：○％以上／月別
- ☑ **材料費率**：○％以下
- ☑ **外注費率**：○％以下
- ☑ **生産性向上による外注費の社内移行工数**：○時間以上
- ☑ **工場消耗品費率**：○％以下
- ☑ **製品別原価計算によるコストダウン金額**：○円以上／年
- ☑ **工程別原価計算によるコストダウン金額**：○円以上／年
- ☑ **在庫金額(材料、仕掛品、製品別)**：○円以下／年
- ☑ **滞留在庫金額**：○円以下／年
- ☑ **廃棄金額**：○円以下／年

●ルーティン

- ☑ **生産ロットの改善**：○品目／年
- ☑ **段取回数・時間の削減**：○件、○H ／年
- ☑ **工程見直しによる停滞時間、停滞回数、運搬回数の削減**：○件以上／年
- ☑ **クレーム件数削減**：○件以下／年
- ☑ **工程内不良件数削減**：○件以下／年
- ☑ **作業平準化率(対計画)**：○％
- ☑ **部門内スキルアップ研修の実施**：○回以上／年
- ☑ **5Sパトロール実施件数**：○件以上／年
- ☑ **5Sパトロール評価点**：○％以上／月
- ☑ **部門予算達成率**：○％以上

15 「物流部門」テーマ設定のポイント

品質維持と物流の効率化を念頭に置く

ロジスティクス部門は**完成品を顧客に安全に届けること**が最重要課題です。そのために**完成品の品質維持に努めながら、物流の効率化**も合わせて考える必要があります。

効率的なルート編成や積載効率、アイドリング、走行距離、燃費などをテーマに掲げて、環境対応についても、積極的に取り組んでいることを内外にアピールできるチャンスととらえてテーマ設定をしましょう。

なお、保管と保存とでは、その意味するところが異なります。

保管は、**紛失・盗難を防ぐために物理的に識別管理すること**です。

保存は、**製品の適合性を維持しながら保管すること**（**温度・湿度管理、粉塵対策など**）です。

物流部門のテーマ設定例

●ミッション

- ✓ 誤配による損失金額(現在→目標):○円以下/年
- ✓ 配送費のコストダウン(配送件数/走行距離):○円以上/年
- ✓ 納期遅延率:○%以下/年
- ✓ 倉庫費用削減:○円以上/年
- ✓ 保管費用削減(パレットあたり):円/年
- ✓ 廃棄処分金額:○円以下/年
- ✓ 積み卸し時の物損事故:○件以下/年
- ✓ 交通事故:○件以下/年
- ✓ 交通違反:○件以下/年
- ✓ 免停件数:○件以下/年

●ルーティン

- ✓ ドライバーの健康管理(対計画):○%以上
- ✓ アイドリング実施:○%以上
- ✓ 積載効率:○%以上/年
- ✓ 棚卸違算数量:○件以下/年
- ✓ 配送ルート見直し件数:○件以上/年
- ✓ 車両管理実施(対計画):○%/年
- ✓ ドライバー教育の実施:○回以上/年
- ✓ 5Sパトロール実施件数:○件以上/年
- ✓ 5Sパトロール評価点:○%以上/月
- ✓ 部門予算達成率:○%以上

著者紹介

堀内智彦（ほりうち・ともひこ）

マネジメントコンサルタント

埼玉県所沢市生まれ。日本大学理工学部土木工学科卒業後、上場企業の技師を経て、堀内経営労務事務所代表、株式会社グリップス代表取締役。

「従業員も経営者も会社という一つの身体の中で生きている」というコンセプトから、リストラを否定し現状の経営資源を生かした人財育成型コンサルティング・ノウハウを開発。「企業ドクター・ホリコン」として、企業収益向上と赤字企業を短期間に黒字化することをライフワークとする。

公益財団法人日本生産性本部認定「経営コンサルタント」、特定非営利活動法人日本医療コンシェルジュ研究所認定「医療コンシェルジュ」、全国社会保険労務士会連合会認定「医療労務コンサルタント」、ISO9001（品質マネジメントシステム）、ISO14001（環境マネジメントシステム）、ISO27001（情報セキュリティマネジメントシステム）、OHSAS18001（労働安全衛生マネジメントシステム）各審査員資格取得。

著書に、『アナタの会社の埋蔵金（ムダ）を利益に変える本』（日刊工業新聞社）、『社長、その給与は払い過ぎ！』（あさ出版）など。

新版《しんぱん》

2時間《じかん》でわかる 図解《ずかい》 KPIマネジメント入門《にゅうもん》　〈検印省略〉

2022年 8 月 30 日 第 1 刷発行
2024年 3 月 19 日 第 2 刷発行

著　者——堀内 智彦（ほりうち・ともひこ）

発行者——田賀井 弘毅

発行所——株式会社あさ出版

〒171-0022 東京都豊島区南池袋 2-9-9 第一池袋ホワイトビル 6F
電　話 03 (3983) 3225 (販売)
03 (3983) 3227 (編集)
F A X 03 (3983) 3226
U R L http://www.asa21.com/
E-mail info@asa21.com
印刷・製本 (株) 光邦

note http://note.com/asapublishing/
facebook http://www.facebook.com/asapublishing
X http://twitter.com/asapublishing

ISBN978-4-86667-404-9 C2034